职业教育改革创新示范教材

Qiche Diangong Dianzi Jichu
汽车电工电子基础

(第二版)

广州合赢教学设备有限公司　组织编写
冯津　马伟　主　编
闫勇　马福萍　韩彦明　副主编
朱军　丛书总主审

人民交通出版社股份有限公司
China Communications Press Co.,Ltd.

内 容 提 要

本书是职业教育改革创新示范教材之一,主要内容包括:电路的焊接与调试;基础电路;电的磁效应及应用;汽车交直流电路;占空比控制及应用;汽车传感器与信号处理;汽车执行器与控制。

本书可作为职业院校汽车运用与维修专业的教材,也可供汽车维修人员及相关技术人员参考阅读。

图书在版编目(CIP)数据

汽车电工电子基础/冯津,马伟主编.—2版.—北京:人民交通出版社股份有限公司,2018.1
ISBN 978-7-114-14304-5

Ⅰ.①汽… Ⅱ.①冯… ②马… Ⅲ.①汽车—电子技术—职业教育—教材②汽车—电子技术—职业教育—教材 Ⅳ.①U463.6

中国版本图书馆 CIP 数据核字(2017)第 265456 号

职业教育改革创新示范教材

书 名:	汽车电工电子基础(第二版)
著 作 者:	冯 津 马 伟
责任编辑:	翁志新
出版发行:	人民交通出版社股份有限公司
地 址:	(100011)北京市朝阳区安定门外外馆斜街 3 号
网 址:	http://www.ccpcl.com.cn
销售电话:	(010)59757973
总 经 销:	人民交通出版社股份有限公司发行部
经 销:	各地新华书店
印 刷:	北京市密东印刷有限公司
开 本:	787×1092 1/16
印 张:	15
字 数:	272 千
版 次:	2013 年 6 月 第 1 版 2018 年 1 月 第 2 版
印 次:	2022 年 12 月 第 2 版 第 5 次印刷 总第 9 次印刷
书 号:	ISBN 978-7-114-14304-5
定 价:	36.00 元

(有印刷、装订质量问题的图书,由本公司负责调换)

职业教育改革创新示范教材编委会

（排名不分先后）

主　　任：刘建平(广州市交通运输职业学校)
　　　　　　杨丽萍(阳江市第一职业技术学校)

副 主 任：黄关山(珠海城市职业技术学院)　　周志伟(深圳市宝安职业技术学校)
　　　　　　邱今胜(深圳信息职业技术学院)　　朱小东(中山市沙溪理工学校)
　　　　　　侯文胜(佛山市顺德区中等专业学校)　韩彦明(佛山市华材职业技术学校)
　　　　　　庞柳军(广州市交通运输职业学校)　　程和勋(中山市中等专业学校)
　　　　　　冯　津(广州合赢教学设备有限公司)　邱先贵(广东文舟图书发行有限公司)

委　　员：谢伟钢、孟婕、曾艳、王锋(深圳市龙岗职业技术学校)
　　　　　　李博成(深圳市宝安职业技术学校)
　　　　　　罗雷鸣、陈根元、马征(惠州工业科技学校)
　　　　　　邱勇胜、何向东(清远市职业技术学校)
　　　　　　刘武英、陈德磊、阮威雄、江珠(阳江市第一职业技术学校)
　　　　　　苏小举、孙永江、李爱民(珠海市理工职业技术学校)
　　　　　　陈凡主(中山市沙溪理工学校)
　　　　　　刘小兵(广东省轻工高级职业技术学校)
　　　　　　许志丹、谭智男、陈东海、任丽(佛山市华材职业技术学校)
　　　　　　欧阳可良、马涛(佛山市顺德区中等专业学校)
　　　　　　周德新、张水珍(河源理工学校)
　　　　　　谢立梁(广州市番禺工贸职业技术学校)
　　　　　　范海飞、闫勇(广东省普宁职业技术学校)
　　　　　　温巧玉(广州市白云行知职业技术学校)
　　　　　　李维东、冯永亮、巫益平(佛山市顺德区郑敬怡职业技术学校)
　　　　　　王远明、郑新强(东莞理工学校)
　　　　　　程树青(惠州商业学校)
　　　　　　高灵聪(广州市信息工程职业学校)
　　　　　　黄宇林、邓津海(广东省理工职业技术学校)
　　　　　　张江生(湛江机电学校)
　　　　　　任家扬(中山市中等专业学校)
　　　　　　邹胜聪(深圳市第二职业技术学校)

丛书总主审：朱　军

第二版前言

"十二五"期间,人民交通出版社以职教专家、行业专家、学校教师、出版社编辑"四结合"的模式开发出了"职业教育改革创新示范教材",受到广大职业院校师生的欢迎。

随着职业教育教学改革的不断深入,学校对课程、教材的内容与形式提出了更高的要求。《教育部关于深化职业教育教学改革全面提高人才培养质量的若干意见》(教职成〔2015〕6号)中提出:对接最新职业标准、行业标准和岗位规范,紧贴岗位实际工作过程,调整课程结构,更新课程内容,深化多种模式的课程改革。要普及推广项目教学、案例教学、情景教学、工作过程导向教学,广泛运用启发式、探究式、讨论式、参与式教学,充分激发学生的学习兴趣和积极性。根据文件精神,人民交通出版社组织专家和主编老师,对已出版的"职业教育改革创新示范教材"进行了全面修订,对个别不能完全适应学校教学的教材进行了重新整合,并增加了几种学校急需教材,更新了教材内容,并对教材中的错漏之处进行了修正。

《汽车电工电子基础》是其中一本,此次修订,纠正了第一版中的错误之处;更换了效果不佳的图片;删除了实际工作中不常遇到的或完成难度较大的学习任务;项目五与项目六进行了整合;各学习任务中的"实施作业"内容进行了简化;配套的电子课件也进行了修订;部分知识点旁增配了二维码,手机扫描后可直接观看动画或视频。

本书由广州合赢教学设备有限公司组织编写,冯津、马伟担任主编,闫勇、马福萍、韩彦明担任副主编,参加编写的还有李海、周志伟、李博成、张亚磊等老师。

职业教育改革创新示范教材编委会

2017年9月

第一版前言 PREFACE

《国家中长期教育改革和发展规划纲要(2010—2020年)》中提出:大力发展职业教育,把职业教育纳入经济社会发展和产业发展规划,把提高质量作为重点;以服务为宗旨,以就业为导向,推进教育教学改革。实行工学结合、校企合作、顶岗实习的人才培养模式;满足人民群众接受职业教育的需求,满足经济社会对高素质劳动者和技能型人才的需要。

职业教育的发展已作为国家当前教育发展的战略重点之一,但目前学校所使用的教材普遍存在以下几个方面的问题:

(1)学生反映难理解,教师反映不好教;

(2)企业反映脱离实际,与他们的需求距离很大;

(3)不适应新一轮教学改革的需要,汽车车身修复、汽车商务、汽车美容与装潢等专业教材急缺;

(4)立体化程度不够,教学资源质量不高,教学方式相对落后。

针对以上问题,结合人民交通出版社汽车类专业教材的出版优势,我们开发了《职业教育改革创新示范教材》。本套教材以"积极探索教学改革思路,充分考虑区域性特点,提升学生职业素质"的指导思想,采用职教专家、行业一线专家、学校教师、出版社编辑"四结合"的编写模式。教材内容的特点是:准确体现职业教育特点(以工作岗位所需的知识和技能为出发点);理论内容"必需、够用";实训内容贴合工作一线实际;选图讲究,易懂易学。

该套教材将先进的教学内容、教学方法与教学手段有效地结合起来,形成课本、课件(部分课程配)和习题集(部分课程配)三位一体的立体教学模式。

本书由广州合赢教学设备有限公司组织编写,由冯津、马伟担任主编,闫勇、韩彦明担任副主编,参加编写的还有李海、周志伟、李博成、张亚磊等。本书在编写过程中,得到顺德职业技术学院、广州城市职业学院、广州科技贸易职业学院、广州市工贸技师学院、广州市公用事业技师学院、佛山华材职业技术学校、深圳市宝安职业技术学校、广州城建职业学院等单位的大力支持,在此表示衷心的感谢。

限于编者的水平,书中难免有不妥或错误之处,敬请广大读者批评指正,提出修改意见和建议,以便再版修订时改正。

编者

2012 年 12 月

目录 CONTENTS

项目一　电路的焊接与调试　/1

　　学习任务　电烙铁的使用与电路的焊接及调试 …………………………………… 1

项目二　基础电路　/8

　　学习任务一　电路的组成与电流的作用 …………………………………………… 8
　　学习任务二　电路的特性参数与测量 ……………………………………………… 15
　　学习任务三　电路的连接方式 ……………………………………………………… 33
　　学习任务四　开关与信号显示电路调试 …………………………………………… 42

项目三　电的磁效应及应用　/54

　　学习任务一　继电器控制电路 ……………………………………………………… 54
　　学习任务二　电动车窗电动机正转与反转 ………………………………………… 64
　　学习任务三　汽车起动机继电器控制电路 ………………………………………… 72
　　学习任务四　高压线圈点火实验 …………………………………………………… 87

项目四　汽车交直流电路　/97

　　学习任务一　三相交流发电机波形认知 …………………………………………… 97
　　学习任务二　二极管整流电路 ……………………………………………………… 108
　　学习任务三　电容、电感及滤波电路 ……………………………………………… 125
　　学习任务四　发电机稳压调节电路 ………………………………………………… 135

项目五　占空比控制及应用　/144

　　学习任务一　占空比控制电磁阀 …………………………………………………… 144
　　学习任务二　风扇温度自动控制电路的连接与调试 ……………………………… 152

项目六　汽车传感器与信号处理　/162

　　学习任务一　汽车光电阳光传感器 …………………………………… 162

　　学习任务二　爆震传感器(压电陶瓷) …………………………………… 172

　　学习任务三　温度传感器(热敏电阻) …………………………………… 179

　　学习任务四　霍尔转速传感器 …………………………………………… 186

　　学习任务五　磁电转速传感器 …………………………………………… 196

　　学习任务六　节气门位置传感器信号(可变电位器) ………………… 203

项目七　汽车执行器与控制　/209

　　学习任务一　晶体三极管控制电磁阀 …………………………………… 209

　　学习任务二　场效应管控制电磁阀 ……………………………………… 222

参考文献　/232

项目一 电路的焊接与调试

 项目描述

电子元器件都是焊接在印制电路板上的,我们一般是使用电烙铁焊接和拆下元器件,焊接是汽车电工维修的一项重要的技能。本项目主要学习电烙铁的使用,完成简单电路的焊接与调试。

学习任务 电烙铁的使用与电路的焊接及调试

学习目标

◎ 知识目标
1. 了解电烙铁的分类,使用原理。
2. 掌握电烙铁的使用方法及基本维护。

◎ 技能目标
1. 掌握电烙铁焊接技巧。
2. 初步掌握使用电烙铁焊接和调试电路的基本方法。

◎ 素养目标
1. 规范实训6S管理。
2. 养成团队协作的好习惯。
3. 养成独立思考问题的好习惯。

建议完成本学习任务的时间为 **4** 课时。

 学习任务描述

焊接是学习电工技术的一项重要技能。现有一块未焊接的焊接技能调试板,要求你用电烙铁完成焊接与电路调试任务。

 学习内容

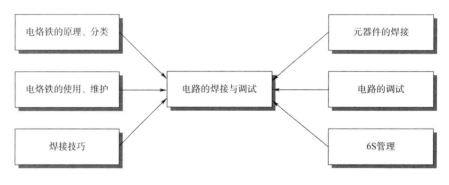

资料收集

引导问题1 ▶ 什么是电烙铁？有何作用？

电烙铁是通电后可以发热的工具,主要用途是熔化焊锡并焊接元件及导线,是电器制作和电器维修的必备工具。按结构可分为内热式电烙铁和外热式电烙铁;按功能可分为焊接用电烙铁和吸锡用电烙铁;根据用途不同又分为大功率电烙铁和小功率电烙铁。

引导问题2 ▶ 有哪几种常用的电烙铁？

常用的电烙铁有外热式和内热式两种。

内热式电烙铁体积较小,内热式电烙铁发热效率较高,而且更换烙铁头也较方便。其发热芯是装在烙铁头的内部,热损失小。市场上常见的电烙铁功率有16W、20W、35W、50W 4种,其中35W是最常用的,图1-1所示是内热式电烙铁。

外热式电烙铁如名字所讲,"外热"就是指"在外面发热",因发热芯在电烙铁的外面而得名。它既适用于焊接大型的元器件,也适用于焊接小型的元器件。由于发热电阻丝在烙铁头的外面,有大部分的热散发到外部空间,所以加热效率低,加热速度缓慢,一般要预热2~5min才能焊接,其体积较大,焊小型器件时显得不方便。但它有烙铁头使用时间较长、功率较大的优点,常见的电烙铁功率有25W、30W、40W、50W、60W、75W、100W、150W、300W等多种规格。大功率的电烙铁通常是外热式的,图1-2所示是外热式电烙铁。

图1-1 内热式电烙铁

图1-2 外热式电烙铁

引导问题3 如何使用电烙铁?

电烙铁是用来焊接电器元件的,为方便使用,通常用"焊锡丝"作为焊剂,焊锡丝内一般都含有助焊的松香。焊锡丝由约60%的锡和40%的铅合成,熔点较低。

松香是一种助焊剂,可以帮助焊接。松香可以直接使用,也可以配制成松香溶液。把松香碾碎,放入小瓶中,再加入酒精搅匀。注意酒精易挥发,用完后及时把瓶盖拧紧。瓶里可以放一小块棉花,使用时就用镊子夹出来涂在印制电路板上或元器件上。

使用可调式的恒温电烙铁较好,图1-3所示为恒温电烙铁台架;平时不用电烙铁的时候,

图1-3 恒温电烙铁台架

要让烙铁嘴上保持有一定量的锡,不可把烙铁嘴在海绵上清洁后存放于烙铁架上;拿起电烙铁开始使用时,需用海绵清洁烙铁嘴,但在使用过程中无需将烙铁嘴用海绵清洁,只需将烙铁嘴上的锡搁入集锡硬纸盒内,这样保持烙铁嘴的温度不会急速下降。电烙铁温度在340~380℃之间为正常情况,此时电烙铁头发黑,不可用刀片之类的金属器械处理,而是要用松香或锡丝来解决;每次用完后,先清洁,再熔足锡,然后马上切断电源。

引导问题4 电烙铁使用注意事项有哪些?

(1) 第一次使用电烙铁时,一定要在加热时给电烙铁头上锡,否则,会导致电烙铁头损坏。

(2) 电烙铁要放置在烙铁架上,切忌放置在易燃物或课桌上,会导致燃烧或损坏课桌。

(3) 电烙铁通电后不能任意敲击、拆卸及安装其电热部分零件。

(4) 切断电源后,最好利用余热在电烙铁头上熔一层锡,以保护电烙铁头。

(5) 当电烙铁头上有黑色氧化层的时候,可用砂布擦去,然后通电,并立即熔上锡。

(6) 海绵是用来收集锡渣和锡珠的,使用时用手捏海绵刚好不出水为宜。

(7) 不要用身体的任何部位去接触高温电烙铁,否则会导致人身伤害。

实施作业

1 任务布置

用电烙铁完成电路焊接与电路调试。

2 任务准备

需要准备以下器材。

配套电烙铁	焊接技能调试板	镊 子	焊 锡 丝

焊接元器件	压电陶瓷	松 香	

项目一　电路的焊接与调试

3 任务步骤

操作规范:电烙铁使用前、后必须放入电烙铁架,在使用过程中注意避免高温电烙铁对人身造成伤害。

步　骤	图　　示	工　作　页
1		检查电烙铁是否良好,按规定插上电烙铁插头,接通电源;数分钟后用手靠近电烙铁,但不能触摸,感觉电烙铁是否会发热;如是,在电烙铁头浸上少量焊锡丝;若不能沾锡用松香和海绵进行处理
2		拿出焊接技能调试板平放在实训台上,右手持电烙铁,左手抽出焊锡丝;焊接前将电烙铁头熔锡面紧贴在焊点处,电烙铁与水平面大约成60°角,以便于熔化的锡从电烙铁头上流到焊点上;电烙铁头在焊点处停留的时间控制在2~3s
3		从焊点上移开电烙铁头,待焊点处的锡冷却凝固,依次连接好焊接技能调试板上所有的焊点。 注意:焊接时,要保证每个焊点焊接牢固、接触良好;焊接电路板时,一定要控制好焊接时间,时间太长,电路板将被烧焦,或造成铜箔脱落
4		装配按钮触发开关,注意引脚方向,不能强行插入,以免造成开关引脚弯曲折断
5		按照上述方法焊接触发按钮开关,注意焊接质量
6		焊接音乐IC(一种带音乐的芯片),注意焊接温度不能过高

5

续上表

步骤	图示	工作页
7		焊接电池座,注意焊接面要有良好接触
8	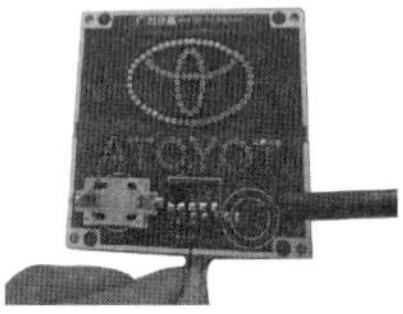	焊接压电陶瓷引线,注意极性要正确
9		装上纽扣电池,检查是否安装到位
10		焊接完所有元器件后,重新检查焊点有无漏焊和虚焊,元器件有无损坏等问题。按下触发按钮,压电陶瓷应该发出清脆的音乐。如有问题,重新检查,排除故障

三 检查控制

检查项目	结果或数据	检查项目	结果或数据	检查项目	结果或数据
电烙铁的功率		能否正确焊接		电烙铁是否出现发黑现象	
调试是否成功		焊点是否光滑		是否实施6S	

四 评价与反馈

1 自我评价

在知识与技能方面的收获	掌握程度		
	牢固掌握	基本掌握	模糊不清
能够说明电烙铁的作用与分类			
能够正确使用电烙铁			

续上表

在知识与技能方面的收获	掌握程度		
	牢固掌握	基本掌握	模糊不清
能够正确维护电烙铁			
能够使用电烙铁焊接、拆装元器件			
能够使用电烙铁焊接并调试电路			
希望自我改进的地方	希望教师改进的地方		
实训小组学生：	完成时间： 年 月 日		

2 小组和教师对本学习任务进行评价

考核项目	评分标准	分数	学生自评（权重20%）	小组互评（权重60%）	教师评价（权重20%）	小计
团队合作	是否协调信任	5				
活动参与	是否积极主动	5				
安全实训	有无安全隐患	10				
现场6S	是否做到	10				
任务方案	是否正确、合理	5				
实训过程	焊接是否规范；焊接质量是否合格	40				
任务完成情况	是否圆满完成	5				
工具和材料使用	是否规范、标准	10				
问答	是否能够正确回答	5				
实训设备	是否完好	5				
总 分		100				
教师签名：			年 月 日		得分	

项目二 基础电路

 项目描述

汽车上普遍采用的是低压12V直流电源为整车供电,要掌握汽车电气系统的检修就必须懂得电路的原理。本项目主要学习直流电路的基本原理、电路相关参量及测量、电路基本定律及串并联电路的特点,为后续课程打下坚实的基础。

学习任务一 电路的组成与电流的作用

学习目标

◎ 知识目标
  1. 理解电路的原理和电路各组成部分的作用。
  2. 理解电路的通路、断路、短接、虚接。

◎ 技能目标
  1. 掌握电路的规范连接方法。
  2. 掌握电路故障的分析与排除。

◎ 素质目标
  1. 规范实训6S管理。
  2. 养成团队协作的好习惯。
  3. 养成独立思考问题的好习惯。

建议完成本学习任务的时间为 2 课时。

 学习任务描述

任何复杂的单电源电路都是由简单电路组成的。掌握电路的基本原理和组成,就能举一反三,触类旁通。一辆捷达轿车前照灯在晚上行驶过程中突然不亮,你知道可能是哪个部位出现问题吗?

 学习内容

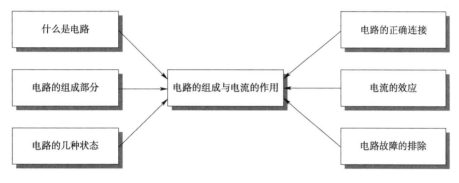

 一 资料收集

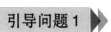 **引导问题 1** ▶ 什么是电路?电路的组成要素有哪些?

电路是用导线把电源、用电器(负载)、控制器件等连接起来组成的电流流通的路径,图 2-1 所示是简单的直流电路。电路由以下几部分组成。

(1)电源:供电的器件(提供电能的器件),如干电池、蓄电池等。

(2)用电器(负载):利用电能工作的器件(消耗电能的器件),如灯泡、电阻、电动机等。

(3)控制器件:控制电路通断和保护电路的器件,如开关、熔断器(熔断丝)等。

(4)导线:用来连接电路,有传导电荷的作用,如铜线、铝线等。

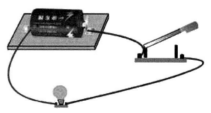

图 2-1 简单的直流电路

引导问题2 ▶ 汽车电路由哪些部分组成？

一辆汽车包含有上千个独立的电路，其中某些电路非常复杂，但所有电路其组成都是基本相同的。若要构成一个完整的电路，就必须有电源、负载、控制保护和导线。

无论电路构成组件的数量有多少，或其位置如何，电流总是在一个完整回路中流动。在汽车电路中，电流总是从电源正极经由负载，最后回到电源负极。一个标准汽车电路包括如下主要组成部件。

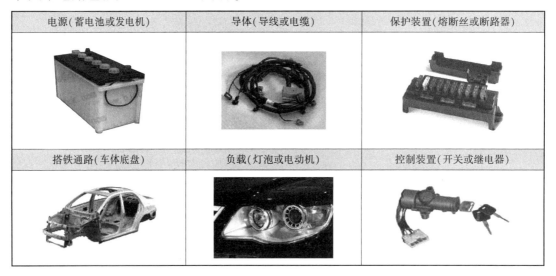

引导问题3 ▶ 什么是电路符号？常见电路符号有哪些？

图2-1是电路的实物连接图，画起来比较麻烦，我们一般画电路时电路中的元器件都是以电路符号来代替的，而且电路符号都是有标准规定的，下表所示是电路图中常见的电工标准电路符号。

名称	符号	名称	符号
电阻	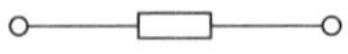	电压表	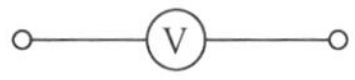
电池	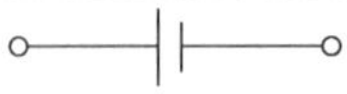	搭铁	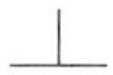
电灯	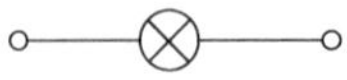	熔断器	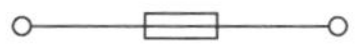
开关	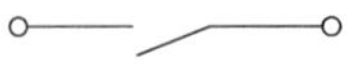	电容	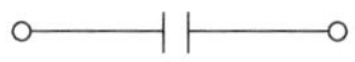
电流表	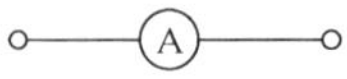	电感	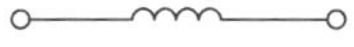

项目二 基础电路

引导问题4 电路有哪几种状态?

电路状态	图 示
1. 通路 电路接好后,闭合开关,处处相通的电路	
2. 开路(断路) 开关未闭合或电线断裂、接头松脱使线路在某处断开的电路	
3. 短路 导线不经过用电器,直接跟电源两极连接的电路。短路时,电流很大,电源和导线会因发热过多而被烧坏。因此,短路是要禁止的	
4. 虚接(接触不良) 电路导线连接处没有接好或焊点没有焊好,接触点相当于是接入了一个阻值很大的电阻	接触不良,电阻增大

二 实施作业

1 任务布置

连接基本灯光控制电路并进行实验。

11

2 任务准备

需要准备以下器材。

积木式连线实训板	可调锂电池模块	开关熔断丝积木板
负载积木板	连接导线	

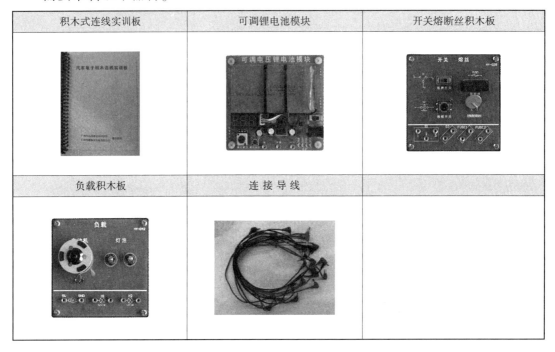

3 任务步骤

操作规范:正极使用红色线,负极使用黑色线;禁止使用万用表电阻挡或电流挡去测电池电压;禁止将电池先通电再接线。

步　骤	图　　示	工　作　页
1		识读电路原理图,说明每个元器件的作用 电源:_____ 熔断丝:_____ 开关:_____ 灯泡:_____
2		用连接导线按照积木连接示意图连接成完整电路,注意连接前先关闭电源开关

续上表

步骤	图示	工作页
3	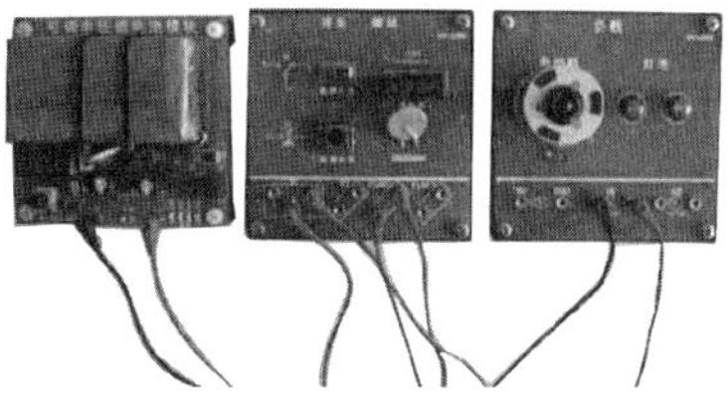	连接好实际的积木电路,检查无误后打开电源开关,仔细观察实训现象,并做好相关记录
4	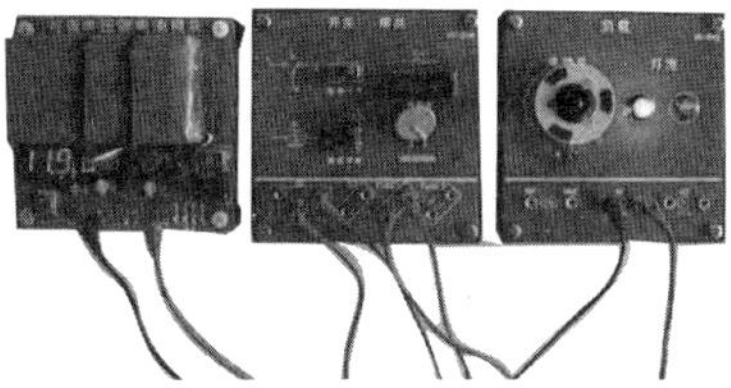	当开关断开时,电路处于_____状态,此时灯泡_____;当开关闭合时,电路处于_____状态,此时灯泡_____
5	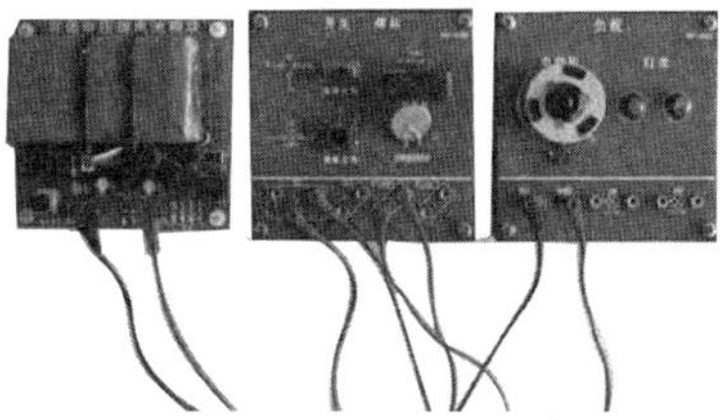	按照上述步骤把灯泡换成电动机,观察实训现象,并做好相关记录
6	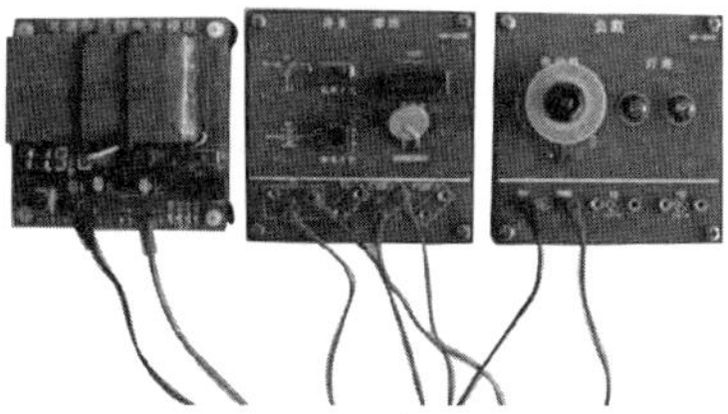	接通电路后,灯泡会发光,说明此时电池提供的电能通过电流的形式转变成_____;用手触摸灯泡会觉得热,说明此时电能还能转变成_____。将电动机代替灯泡,是将电能转变成_____;对电池充电,是将_____能转变成_____
7		用连接导线直接短接电源,电路处于_____状态(此操作不能频繁进行,短路后需重新关闭电源再开启,方可恢复正常)

三 检查控制

检查项目	结果或数据	检查项目	结果或数据	检查项目	结果或数据
连线是否规范		灯泡发光是否受开关控制		是否单独完成工作页	
灯泡是否正常发光		是否出现异常现象		是否严格执行6S管理	

四 评价与反馈

1 自我评价

在知识与技能方面的收获	掌握的程度		
	牢固掌握	基本掌握	模糊不清
能够说明简单电路的原理			
能够区分电路的电源、负载、控制保护等组成要素			
能够检测电路的通路、断路、虚接和短路			
能够依照电路图连接积木式电器线路			
希望自我改进的地方		希望教师改进的地方	
实训小组学生：		完成时间： 年 月 日	

2 小组和教师对本学习任务进行评价

考核项目	评分标准	分数	学生自评（权重20%）	小组互评（权重60%）	教师评价（权重20%）	小计
团队合作	是否协调信任	5				
活动参与	是否积极主动	5				
安全实训	有无安全隐患	10				
现场6S	是否做到	10				
任务方案	是否正确、合理	5				
实训过程	是否独立完成实训；工作页完成情况	40				
任务完成情况	是否圆满完成	5				

续上表

考核项目	评分标准	分数	学生自评（权重20%）	小组互评（权重60%）	教师评价（权重20%）	小计
工具和材料使用	是否规范、标准	10				
问答	是否能够正确回答	5				
实训设备	是否完好	5				
总　　分		100				
教师签名：			年　　月　　日		得分	

学习任务二　电路的特性参数与测量

学习目标

◎ **知识目标**
1. 理解电流、电压、电阻等电路特征参数。
2. 掌握电路欧姆定律原理。
3. 掌握电流、电压、电阻和电功率的测量原理。

◎ **技能目标**
1. 掌握使用电流表、电压表测量电路的电流、电压。
2. 初步掌握使用万用表测量电阻、电压、电流。
3. 掌握欧姆定律解决电路相关问题。
4. 理解电功率的计算方法。

◎ **素质目标**
1. 规范实训6S管理。
2. 养成团队协作的好习惯。

 建议完成本学习任务的时间为8课时。

 学习任务描述

电流是看不见摸不着的，需要通过仪器才能测量相关的量。一辆卡罗拉轿车起动电路不工作，经检验点火开关、起动电动机等器件，都是好的，到底是什么问题，你能检测出来吗？

学习内容

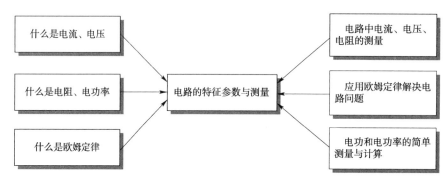

一 资料收集

引导问题1 电路中的基本物理量有哪些?

电路的特性是由电流、电压和电功率等物理量来描述的。电路分析的基本任务是计算电路中的电流、电压和电功率。

引导问题2 什么是电流?

我们知道,水能在水管中流动,我们称它为水流;同样,电荷也能在导线中流动,这种电荷的流动就称为电流。如图2-2所示,当我们合上电源开关的时候,电灯就会发光,这是因为在电路中有电流通过的缘故。电流虽然用肉眼看不见,但是可以通过它的各种表现而被人们所察觉。那么什么是电流呢?电流是电荷(带电粒子)有规则的定向运动而形成的。

引导问题3 电流的大小和单位是怎样的?

表征电流强弱的物理量称作电流强度,简称电流,用字母"I"表示。电流强度在国际上定义为单位时间内通过导线某一截面的电荷量,数学表达式为:

$$I = \frac{Q}{t}$$

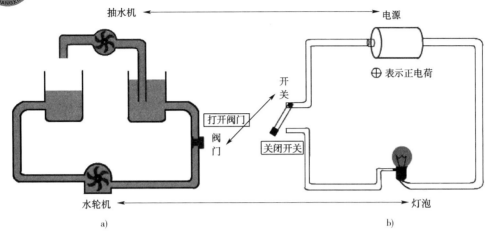

图 2-2 水流与电流的比较

在国际单位制中,电流的单位名称是安培,简称安,用符号 A 表示。并规定每秒通过导线截面的电量为 1 库仑时的电流为 1A。电流的单位也可用千安(kA)、毫安(mA)、微安(μA)表示,它们之间的换算关系是:

$$1kA = 1000A \qquad 1A = 1000mA \qquad 1mA = 1000\mu A$$

引导问题 4 ▶ 电流的方向是如何规定的?

实际上,导体中的电流是由负电荷在导体中流动形成的,而我们习惯上规定正电荷运动的方向或负电荷运动的相反方向作为电流的方向(实际方向)。所以,导体中的电流不仅具有大小,而且还具有方向。

大小和方向都不随时间而变化的电流为恒定直流,简称直流,如图 2-3 所示。

方向始终不变,大小随时间而变化的电流称为脉动直流电流,如图 2-4 所示。

大小和方向均随时间变化的电流称为交流电流,通常其大小和方向随时间作周期性变化,简称交流。我国电力系统使用的是正弦交流电,如图 2-5 所示。

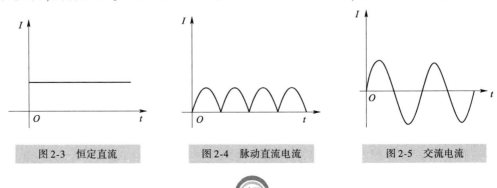

图 2-3 恒定直流　　　图 2-4 脉动直流电流　　　图 2-5 交流电流

在实际测量中,使用电流表或万用表电流挡串联接入被测电路中,且要注意极性,严禁将电流表并联接在被测电路两端。

引导问题 5 电流产生的条件有哪些?

(1)必须具有能够自由移动的电荷(金属中只有负电荷移动,电解液中为正负离子同时移动)。

(2)导体两端存在电压差(要使闭合回路中得到持续电流,必须要有电源)。

(3)电路必须为通路。

引导问题 6 电流有哪些效应?

1 热效应

导体通电时会有发热现象,这种现象称作电流热效应。例如电阻通电后会发热。

2 磁效应

任何通有电流的导线,都具有在其周围产生磁场的现象,这种现象称为电流的磁效应。例如继电器线圈通电后会产生磁吸力。

3 化学效应

电的化学效应主要是电流中的带电粒子(电子或离子)参与而使得物质发生了化学变化,例如蓄电池的充电过程。

引导问题 7 什么是电路的电压与电动势?

如图 2-6 所示,水位高度的不同产生的压力也不同,高水位产生了势能,导致水的流动。电压也是一样,因为两点间存在电势差,导致了正的带电离子从高电势向低电势流动,从而形成电流。电流形成的根本原因是导体两端存在电势差,我们常见的干电池、锂电池和铅酸电池,两个接线端子之间都存在电势差。

电压是用来表示电场力移动电荷做功本领的物理量。在物理上定义为 a、b 两点之间的电压 U_{ab},在数值上就等于电场力将单位正电荷从 a 点移到 b 点所做的功。

数学表达式为:

$$U_{ab} = \frac{W_{ab}}{q}$$

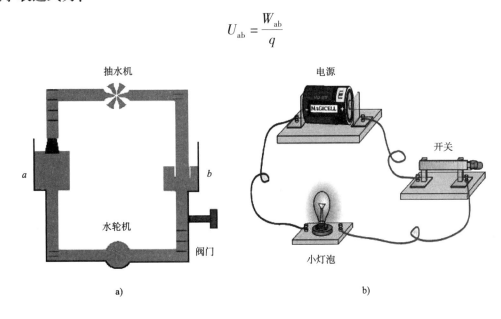

图 2-6 水压与电压的对比

电动势是用来表示电源移动电荷做功本领的物理量,用字母"E"表示。电源的电动势,在数值上等于电源把单位正电荷从负极 b(低电位)经由电源内部移到电源的正极 a(高电位)所做的功。

引导问题 8　电压的单位和大小是怎样的?

在国际单位制中,电压和电动势的单位都是伏特(焦耳/库仑),简称"伏",用大写字母"V"表示。1 伏特等于对每 1 库仑的电荷做了 1 焦耳的功,即 $1V = 1J/C$。另外还有千伏(kV)、毫伏(mV)和微伏(μV),它们的换算关系如下:

$$1kV = 1000V \quad 1V = 1000mV \quad 1mV = 1000\mu V$$

引导问题 9　电压的方向是如何规定的?

电压的实际方向规定为由高电位("+"极性)端指向低电位("-"极性)端,即为电位降低的方向。电源电动势的实际方向规定为在电池内部由低电位("-"极性)端指向高电位("+"极性)端,即为电位升高的方向。

实际测量中,可以使用电压表或万用表电压挡直接并联在被测电路的两端,且要注意极性。

引导问题 10 什么是电位?

在电路中选定一个参考点(即零电位点),则电路中某一点与参考点之间的电压即是该点的电位,单位也是伏特。

参考点(零电位)的选择,在电力电路中常以大地作为参考点;电子电路中常以多条支路汇集的公共点或金属底板、机壳等作为参考点;在汽车电路中常以车身金属作为参考点,连接的是蓄电池的负极,通常称作"搭铁"。

引导问题 11 什么是电阻? 电阻的大小和单位是怎样的?

如图 2-7 所示,管路大小对水流有阻碍作用,同样,物质也能对电流产生阻碍作用,我们称其是该作用下的电阻物质。电阻将会导致电子流通量的变化,电阻越小,电子流通量越大,反之亦然。没有电阻或电阻很小的物质称其为电导体,简称导体,如金、银、铜、铁等。不能形成电流传输的物质称为电绝缘体,简称绝缘体,如玻璃、橡胶等。

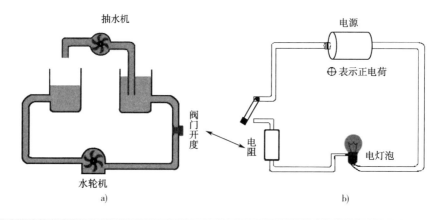

图 2-7 水流与电流的阻碍

电阻具有阻碍电流流动的本性,表征导体对电流呈现阻碍作用的电路参数称作电阻,用符号 R 表示。电源内部的电阻称为内阻,电源以外导线及负载的电阻称为外电阻,电阻是导体本身的一种特性。电阻元件是对电流呈现阻碍作用的耗能元件。在国际单位制中,电阻的单位名称是欧姆,简称欧,用希腊字母 Ω 表示。也可以用千欧($k\Omega$)或兆欧($M\Omega$)表示。它们之间的换算关系是:

$$1\text{M}\Omega = 1000\text{k}\Omega \qquad 1\text{k}\Omega = 1000\Omega$$

在实际测量中,在断开电源的情况下可以使用万用表的电阻挡直接并联在被测电路的两端。

引导问题 12 ▶ 电阻的种类有哪些?

电阻分为线性电阻和非线性电阻两种。电阻值 R 只与导体本身的材料和几何尺寸有关,而不随电压或电流的变化而变化,电阻值是一个常量,具有这种特性的电阻元件称为线性电阻,它的电压和电流之间的关系,即伏安特性是一直线。电阻值 R 随电压或电流的变化而变化的电阻元件,称为非线性电阻。图 2-8 所示为几种常见的电阻。

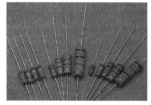
a) 金属膜电阻

b) 贴片电阻

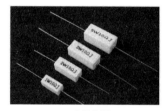
c) 水泥电阻

图 2-8 几种常见的电阻

引导问题 13 ▶ 什么是色环电阻表示法?

一般碳膜和金属膜电阻的阻值标识都是用色环法表示的,有四环和五环,识读方法如图 2-9 所示。

引导问题 14 ▶ 什么是电路的电功、电功率?如何计算电路的电功、电功率?

电功就是电流通过导体时所做的功,电流做功的过程是电能转化为其他形式能的过程,它是一段导体中电压 U、电流 I 和时间 t 的乘积,数学表达式为:

$$W = U \cdot I \cdot t$$

电功的单位是焦耳(J)。电功的测量一般用电能表,图 2-10 所示为家用的电能表,也称电度表。

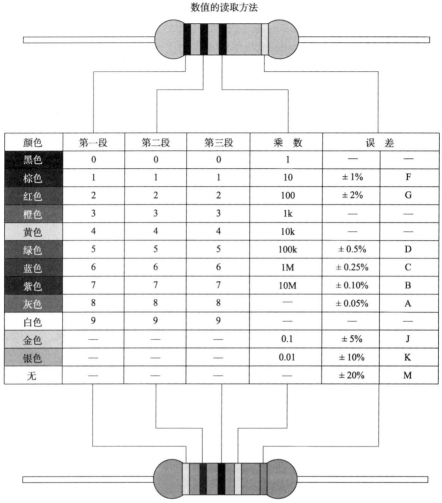

颜色	第一段	第二段	第三段	乘 数	误 差	
黑色	0	0	0	1	—	—
棕色	1	1	1	10	±1%	F
红色	2	2	2	100	±2%	G
橙色	3	3	3	1k	—	—
黄色	4	4	4	10k	—	—
绿色	5	5	5	100k	±0.5%	D
蓝色	6	6	6	1M	±0.25%	C
紫色	7	7	7	10M	±0.10%	B
灰色	8	8	8	—	±0.05%	A
白色	9	9	9	—	—	—
金色	—	—	—	0.1	±5%	J
银色	—	—	—	0.01	±10%	K
无	—	—	—	—	±20%	M

图2-9 色环电阻识读方法

图2-10 电能表

电功率是表示电流做功快慢的物理量,即电流在单位时间内完成的功,数学表达式是:

$$P = \frac{W}{t} = U \cdot I$$

电功率的单位是瓦特(W),简称"瓦"。比如说一灯泡标示"12V10W",表示的是该灯泡工作在12V电压下消耗的功率为10W。功率常用的单位还有kW、mW,它们的换算关系是:

$$1\text{kW} = 1000\text{W} \qquad 1\text{W} = 1000\text{mW}$$

引导问题15 什么是欧姆定律？

我们学习了电压、电流和电阻，那么这三者在同一电路中互相之间有什么关系呢？了解这种关系并能够将其应用到实际电路中是非常重要的，因为这种关系是电路的基本定律，是分析和解决电路问题的基础。

19世纪的一位科学家乔治欧姆发现：在同一电路中，导体中的电流与导体两端的电压成正比，与导体的电阻阻值成反比，这就是欧姆定律，基本公式是

$$I = \frac{U}{R}$$

式中：I——电流，单位是安培（A）；

U——电压，单位是伏特（V）；

R——电阻，单位是欧姆（Ω）。

引导问题16 如何利用欧姆定律环图解决问题？

利用如图2-11所示的欧姆定律环图是记忆欧姆定律的一种简易方法。水平线表示"除"，垂直线表示"乘"，遮住你所要确定数值的字母。

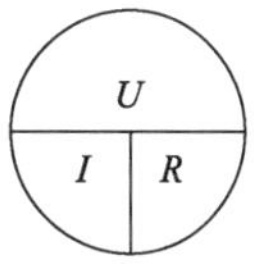

如果已知一个给定电路的其中两个数值，你可以求得另一个未知数值。只需简单地代入公式中的电流、电压和电阻的数值，就可以求得未知数值。

图2-11 欧姆定律环图

要确定电阻：遮住 R，所得到的公式为：

$$R = \frac{U}{I}（电压除以电流等于电阻）$$

要确定电压：遮住 U，所得到的公式为：

$$U = I \cdot R（电流乘以电阻等于电压）$$

要确定电流：遮住 I，所得到的公式为：

$$I = \frac{U}{R}（电压除以电阻等于电流）$$

引导问题17 我们常用哪些仪器进行电路分析与检测？

在弱电形式的电子电路中，电路分析与检测我们通常使用万用表、测试灯，如图2-12所示。万用表又分模拟表和数字表，当下数字表使用比较广泛，我们这里重

点学习数字万用表的使用。测试灯是一种简单实用的电路检测工具,可以快速判断电路导通的基本状态。

a)汽车数字万用表

b)电子积木用数字万用表

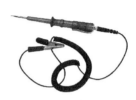
c)测试灯

图2-12　汽车电路检测工具——万用表、测试灯

引导问题18　万用表有哪些最常用的基本功能?

汽车维修人员,在汽车维修过程中会使用万用表检测电路参数,通过分析,确定故障部位,避免盲目拆检。

万用表可以有很多功能,根据使用领域的不同,万用表具有的功能也会有所不同。

数字万用表,一种多用途电子测量仪器,可用于电流(A)、电压(V)、电阻(Ω)的测量,一般被视为万用表的基本功能。除此之外,数字万用表还可以测量更多的参数,包括:电感(H)、电容(F)、温度(℃/℉)、频率(Hz)、占空比(%)、DWELL闭合角、转速(r/min)、hFE(三极管放大倍数)。

电路的基本参数是电压、电流、电阻,而一般电路中电压、电流、电阻满足欧姆定律,所以在实际电路检测中,万用表最常用的功能是电压、电阻的检测,这是本次课程的重点内容,其他功能将在以后学习。

引导问题19　如何使用万用表检测电压、电流、电阻?

使用前,应认真阅读有关的使用说明书,熟悉电源开关、量程开关、插孔、特殊插口的作用。

(1)将ON/OFF开关置于ON位置,检查9V电池情况,如果电池电压不足,将在显示器上示出,这时则需更换电池。

(2)测试笔插孔旁边的符号,表示输入电压或电流不应超过指示值,这是为了保护内部线路免受损伤。

(3)测试之前,功能开关应置于所需要的量程。

①电压的测量,测量方法如图2-13所示。

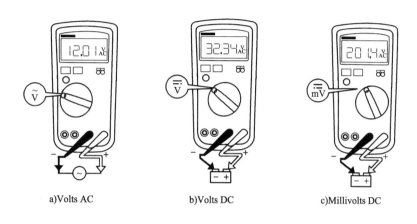

a)Volts AC　　　　b)Volts DC　　　　c)Millivolts DC

图2-13　数字万用表测量电压

a. 直流电压的测量:

首先将黑表笔插进"COM"孔,红表笔插进"V/Ω 孔"。把旋钮旋到比估计值大的量程(注意:表盘上的数值均为最大量程,"V –"表示直流电压挡,"V ~"表示交流电压挡,"A"是电流挡),接着把表笔接电源或电池两端;保持接触稳定。数值可以直接从显示屏上读取,若显示为"1.",则表明量程太小,那么就要加大量程后再测量。如果在数值左边出现" – ",则表明表笔极性与实际电源极性相反,此时红表笔接的是负极。

b. 交流电压的测量:

表笔插孔与直流电压的测量一样,不过应该将旋钮打到交流挡"V ~ "处所需的量程即可,交流电压无正负之分,测量方法跟前面相同。无论测交流还是直流电压,都要注意人身安全,不要随便用手触摸表笔的金属部分。

②电流的测量,测量方法如图2-14所示。

a. 直流电流的测量:

先将黑表笔插入"COM"孔,若测量大于200mA 的电流,则要将红表笔插入"10A"插孔并将旋钮打到直流"10A"挡;若测量小于200mA 的电流,则将红表笔插入"200mA"插孔,将旋钮打到直流200mA 以内的合适量程。

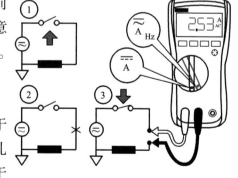

图2-14　数字万用表测量电流

调整好后,就可以测量了。将万用表串联进电路中,保持稳定,即可读数。若显示为

"1."，那么就要加大量程；如果在数值左边出现"-"，则表明电流从黑表笔流进万用表。

b. 交流电流的测量：

测量方法与 a 相同，不过挡位应该打到交流挡位，电流测量完毕后应将红笔插回"V/Ω"孔。

注意：若用电流挡直接测电压会造成万用表彻底报废和人身伤害！

③电阻的测量，测量方法如图 2-15 所示。

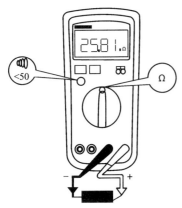

图 2-15 数字万用表测量电阻

将表笔插进"COM"和"V/Ω"孔中，把旋钮旋到"Ω"中所需的量程，用表笔接在电阻两端金属部位，测量中可以用手接触电阻，但不要把手同时接触电阻两端，这样会影响测量精确度，因为人体相当于一电阻，会影响测量结果。读数时，要保持表笔和电阻有良好的接触；注意单位：在"200"挡位时单位是"Ω"，在"2k"到"200k"挡时单位为"kΩ"，"2M"以上的单位是"MΩ"。

注意：在路测量电阻时，应关闭电源！否则会影响读数或损坏万用表！

④通断测试（二极管及蜂鸣器挡）。

a. 将黑表笔插入"COM"插孔，红表笔插入"V/Ω"插孔（红表笔极性为"+"）将功能开关置于"二极管"挡、并将表笔连接到待测二极管，读数为二极管正向压降的近似值。

b. 将表笔连接到待测线路的两端如果两端之间电阻值低于约 70Ω，内置蜂鸣器发声。利用此挡位可很方便测量电路的通断。

引导问题20 测试灯的作用、结构和使用方法？

在汽车电路维修中，测试灯主要用于汽车线路故障的检查，根据测试灯的亮熄及不同的明暗程度来判断汽车线路有无断路、短路和搭铁故障。汽车专用测试灯有无源测试灯、自带电源测试灯和发光二极管 LED 测视灯三种。

(1) 12V 无源测试灯。12V 无源测试灯，由 12V/2～20W 灯泡、导线和各种型号的探针等组成，可用来检查电源电路各线端是否有电。检测时，将 12V 测试灯"鳄鱼"夹一端搭铁，另一端接电器部件电源接头，如灯亮，说明电器部件的电源电路无故障；如灯不亮，应顺电流方向依次找出第二检测点、第三检测点，直到灯亮为止,则电路故障点可判断在最后两个测试点之间的线路或电器部件上,如图 2-16a)所示。

(2)12V 有源测试灯。12V 有源测试灯与 12V 无源测试灯的结构基本相同,只是在手柄内加装了 2 节 1.5V 干电池。12V 有源测试灯可用来检查电气线路断路和短路故障。

①断路故障检查。首先,断开与电器部件相连接的电源电路,将测试灯一端搭铁,另一端接在电路各接点(从电路首端开始)。如果灯不亮,则断路出现在被测点与搭铁之间;如果灯亮,则断路出现在此时被测点与上一个被测点之间。

②短路故障检查。首先,断开电器部件的电源线和搭铁线,将测试灯一端搭铁,另一端与余下电器部件的电路相连接。如灯亮,表示有短路(搭铁)故障存在。然后逐步将电路中插接器拔开,断开开关,拆除各部件,直到灯熄灭为止,则短路出现在最后开路部件与上一个开路部件之间,如图 2-16b)所示。

(3)发光二极管 LED 测试灯。对于汽车电控系统的检测,需要使用内阻比较大的 LED 测试灯,以免对电控系统产生损害。我们可以使用 LED 测试灯检测喷油器控制信号,如图 2-16c)所示。

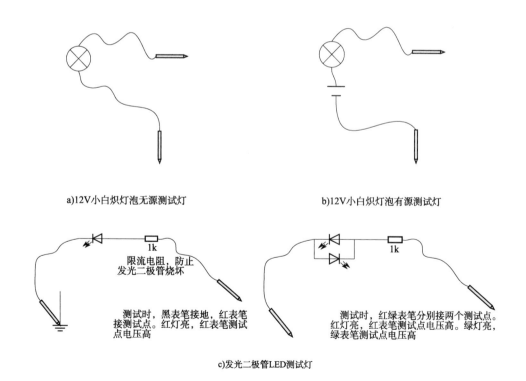

图 2-16 几种测试灯电路原理

二 实施作业

1 任务布置

(1) 电路电压、电流的测量。
(2) 欧姆定律特性实训。
(3) 电功率和电阻的测量。

2 任务准备

需要准备以下器材。

积木式连线实训板	万用表	可调锂电池模块	欧姆定律特性板
开关熔断丝板	负载积木板	电流表、电压表积木板	连接导线

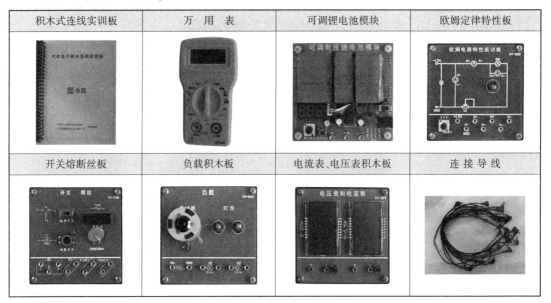

3 任务步骤

(1) 电路电压、电流的测量。

步骤	图 示	工 作 页
1		识读电路原理图,说明每个元器件的作用。 电源:_____ 熔断丝:_____ 开关:_____ 灯泡:_____ 电压表:_____ 电流表:_____

续上表

步骤	图 示	工 作 页
2		用连接导线按照积木式连接示意图连接成完整电路,注意连接前先关闭电源开关。此时电压表是_____在灯泡两端,电流表是_____在电路中的。连接时注意电压表和电流表都是有极性的,要注意正确区分
3		检查无误后打开电源、电压表、电流表开关,仔细观察实训现象,并做好相关记录
4		闭合电路控制开关,电源电压为_____V时,电压表的读数是_____,单位_____;电流表的读数是_____,单位_____;接可调电压输出端,调节电源电压为10V时,电压表的读数是_____;电流表的读数是_____。若对调电压表、电流表极性,显示会出现什么变化?为什么? _____ _____ _____

(2)欧姆定律特性实训。

步骤	图 示	工 作 页
1		用万用表电阻挡测量出灯泡的电阻值为_____,单位_____(注意:灯泡的电阻值随温度变化波动较大); 用万用表测量电源电压为_____,单位_____
2		读识电路原理图,说明元器件的作用。 电源:_____ 灯泡:_____ 电位器:_____ 电压表:_____ 电流表:_____

续上表

步骤	图 示	工 作 页
3		用连接导线按照积木式电器连接示意图连接成完整电路,注意连接前先关闭电源开关。电流表测量的是_____电流,电压表测量的是_____的电压,仔细观察实训现象,并做好相关记录
4		检查无误后打开电源、电压表、电流表开关,从左至右调节欧姆特性积木板上的电位器,观察各测量仪表的变化,选取测量数值,填写下表
5	灯泡电阻 R = | 电压(V)				| | 电流(A) | | | | | 从测量数据验证是否满足 $I = U/R$,我们可以得出当灯泡电阻不变时,电路的电流与电压成_____(正比或反比)。 计算过程: _____ _____ _____

(3) 电功率和电阻的测量。

步骤	图 示	工 作 页
1		识读电路原理图,说明元器件的作用。 电源:_____ 灯泡:_____ 熔断丝:_____ 开关:_____ 电压表:_____ 电流表:_____
2		用连接导线按照积木连接示意图连接成完整电路,注意连接前先关闭电源开关

续上表

步 骤	图 示	工 作 页
3		连接好实际积木电路,打开电源、电流表、电压表开关,电流表测量的是_____电流,电压表测量的是_____的电压,仔细观察实训现象,并做好相关记录
4		闭合控制开关,电压表读数为_____,电流表读数为_____。我们可以直接用万用表测量出灯泡的电阻值外,还可用伏安法测量灯泡的电阻值,使用公式 $R = U/I$ 计算出灯泡的电阻值为_____。灯泡底座标志 1W12V,表明灯泡的额定功率为_____,单位_____;根据公式 $P = UI$ 计算出灯泡实际消耗的功率为_____,单位_____
5		用电动机代替灯泡,用同样方法计算电动机的实际消耗功率为_____,单位_____

注:本实验也可以使用万用表测量电压、电流。

三 检查控制

检查项目	结果或数据	检查项目	结果或数据	检查项目	结果或数据
连线是否规范		是否认真观察实训现象		是否单独完成工作页	
是否出现异常现象		测量数据是否准确		是否严格执行6S管理	

四 评价与反馈

1 自我评价

在知识与技能方面的收获	掌握的程度		
	牢固掌握	基本掌握	模糊不清
能够说明什么是电流并能用仪表进行测量			
能够说明什么是电压并能用仪表进行测量			
能够说明什么是电阻并能用万用表测量			
能够使用欧姆定律计算电流、电压和电阻			
能够计算电路简单的电功与电功率			
能够使用配套电子积木测量电路的电压、电流、电阻			
希望自我改进的地方	希望教师改进的地方		
实训小组学生：	完成时间： 年 月 日		

2 小组和教师对本学习任务进行评价

考核项目	评分标准	分数	学生自评（权重20%）	小组互评（权重60%）	教师评价（权重20%）	小计
团队合作	是否协调信任	5				
活动参与	是否积极主动	5				
安全实训	有无安全隐患	10				
现场6S	是否做到	10				
任务方案	是否正确、合理	5				
实训过程	是否独立完成实训；工作页完成情况	40				
任务完成情况	是否圆满完成	5				
工具和材料使用	是否规范、标准	10				
问答	是否能够正确回答	5				
实训设备	是否完好	5				
总 分		100				
教师签名：			年 月 日		得分	

学习任务三 电路的连接方式

学习目标

◎ **知识目标**
1. 理解并联、串联电路的特点。
2. 掌握串联、并联电路分析的基本方法。

◎ **技能目标**
1. 初步掌握使用万用表测量串联、并联电路的电阻参数。
2. 掌握串联、并联电路的电压和电流的计算方法。
3. 掌握混联电路的简单故障排除。

◎ **素质目标**
1. 规范实训6S管理。
2. 养成团队协作的好习惯。
3. 养成独立思考问题的好习惯。

 建议完成本学习任务的时间为 **4课时**。

 学习任务描述

学习完电路欧姆定律后,我们已经能解决简单电路中电流、电压和电阻三者的关系,但是有些电路不是这么简单的,通常是由多条支路串联、并联汇集成的较复杂的电路。一辆丰田威驰轿车右转向灯侧灯不亮、前后灯亮是什么原因?

 学习内容

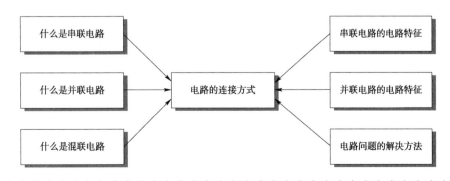

一 资料收集

引导问题1 什么是串联电路?

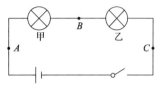

串联电路是用电器首尾依次连接在电路中的形式。如图2-17所示,电路只有一条路径,任何一处断路都会出现电路故障。

图2-17 串联电路

引导问题2 串联电路有何规律?

串联电路的电压规律:串联电路两端的总电压等于各用电器两端电压之和。

即:
$$U = U_1 + U_2 + \cdots + U_n$$
$$U_1 : U_2 : U_3 = IR_1 : IR_2 : IR_3 = R_1 : R_2 : R_3 \text{(分压)}$$
$$P_1 : P_2 : P_3 = I^2R_1 : I^2R_2 : I^2R_3 = R_1 : R_2 : R_3$$

串联电路的电流规律:串联电路中的电流处处相等。

即:
$$I = I_1 = I_2 = \cdots = I_n$$

串联电路的特点:

(1)电流只有一条通路。

(2)开关控制整个电路的通断。

(3)各用电器之间相互影响。

引导问题3 什么是并联电路?

并联电路是使在构成并联的电路元件间电流有一条以上的相互独立通路,如图2-18所示。

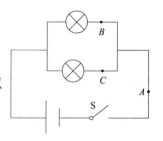

引导问题4 并联电路有何规律?

图2-18 并联电路

1 并联电路的规律

(1)并联电路中各支路的电压都相等,并且等于电源电压。

$$U = U_1 = U_2 = \cdots = U_n$$

(2)并联电路中的干路电流(或说总电流)等于各支路电流之和。

$$I = I_1 + I_2 + \cdots + I_n$$

(3)并联电路中的总电阻的倒数等于各支路电阻的倒数和。

$$\frac{1}{R} = \frac{1}{R_1} + \frac{1}{R_2}$$

或写为:

$$R = \frac{R_1 \cdot R_2}{R_1 + R_2}$$

若有 n 个相同电阻并联,则

$$R_{并} = \frac{R}{n}$$

(4)并联电路中的各支路电流之比等于各支路电阻的反比。

$$I_1 : I_2 = R_2 : R_1$$

(5)并联电路中各支路的功率之比等于各支路电阻的正比。

$$P_1 : P_2 = R_2 : R_1$$

2 并联电路的特点

(1)电路有若干条通路。
(2)干路开关控制所有的用电器,支路开关控制所在支路的用电器。
(3)各用电器相互无影响。

引导问题 5 ▶ **什么是混联电路?**

混联电路是由串联电路和并联电路组合在一起的特殊电路,如图 2-19 所示。混联电路的主要特征是串联分压、并联分流。

混联电路的计算,在串联部分中遵守以下规律:

(1) $I = I_1 = I_2 = I_3 = \cdots$
(2) $U = U_1 + U_2 + U_3 + \cdots$
(3) $R = R_1 + R_2 + R_3 + \cdots$

在并联部分中遵守以下规律:

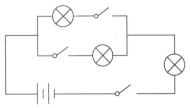

图 2-19 混联电路

(1) $I = I_1 + I_2 + I_3 + \cdots$

(2) $U = U_1 = U_2 = U_3 \cdots$

(3) $1/R = 1/R_1 + 1/R_2 + \cdots$

在分析混联电路时,应从内分析到外,从小分析到大。

二 实施作业

1 任务布置

(1) 串并联电阻的测量。

(2) 串联电路特性参数测量。

(3) 并联电路特性参数测量。

2 任务准备

需要准备以下器材。

积木连线实训板 	万用表 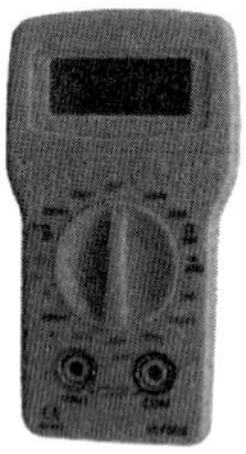	可调锂电池模块 	串联电路特性板 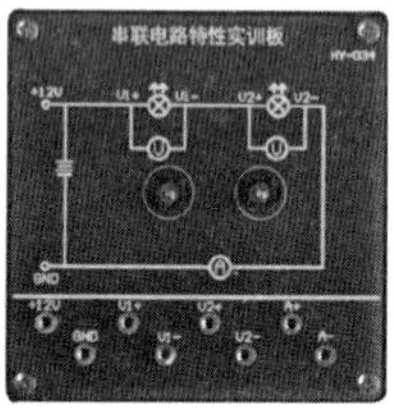
并联电路特性板 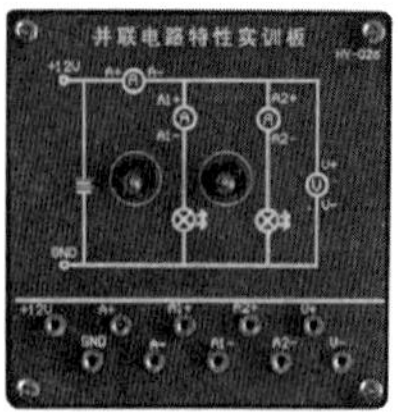	电流表、电压表积木板 	组合电阻板 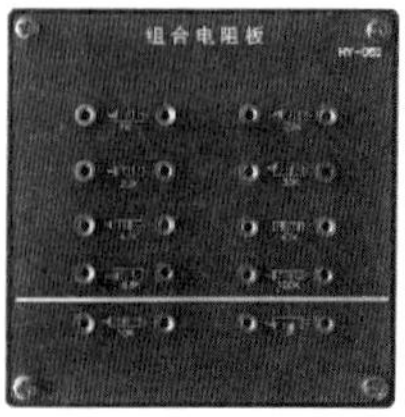	连接导线 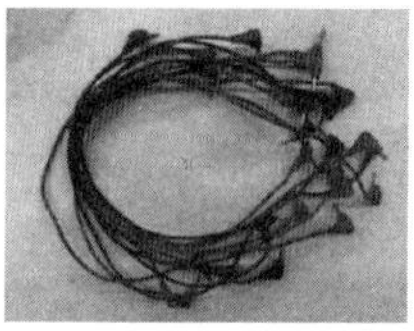

3 任务步骤

(1) 串并联电阻的测量。

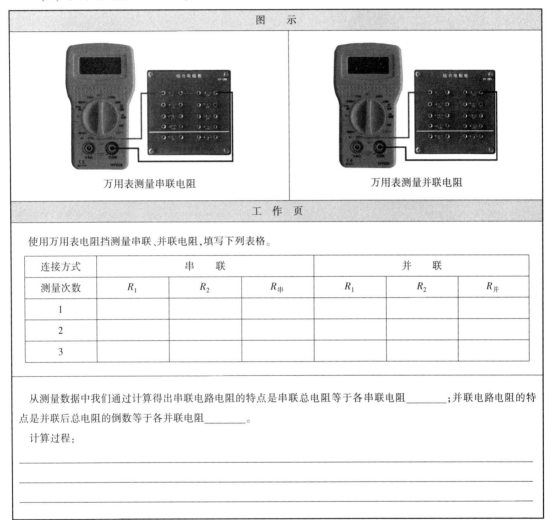

图　　示	
万用表测量串联电阻	万用表测量并联电阻

工 作 页

使用万用表电阻挡测量串联、并联电阻，填写下列表格。

连接方式	串　　联			并　　联		
测量次数	R_1	R_2	$R_串$	R_1	R_2	$R_并$
1						
2						
3						

从测量数据中我们通过计算得出串联电路电阻的特点是串联总电阻等于各串联电阻_____；并联电路电阻的特点是并联后总电阻的倒数等于各并联电阻_____。

计算过程：
_____
_____
_____

(2) 串联电路特性参数测量。

步骤	图　　示	工 作 页
1	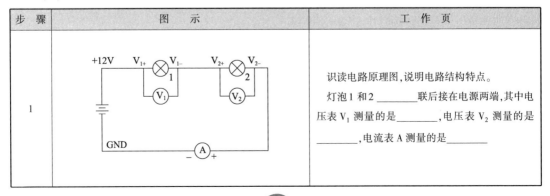	识读电路原理图，说明电路结构特点。 灯泡 1 和 2 _____联后接在电源两端，其中电压表 V_1 测量的是_____，电压表 V_2 测量的是_____，电流表 A 测量的是_____

步骤	图 示	工 作 页
2	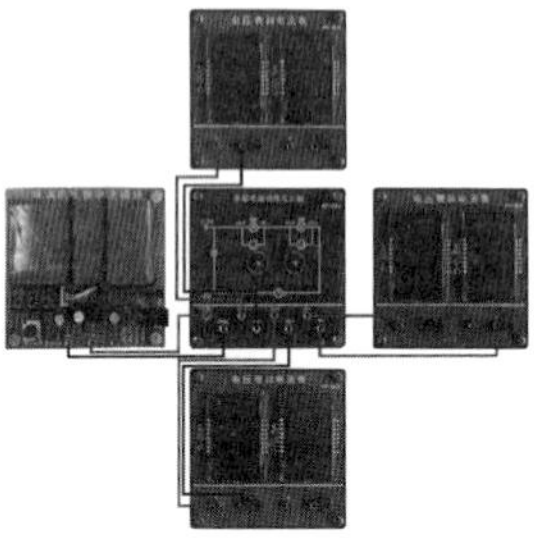	用连接导线按照积木式电器连接示意图连接成完整电路,注意连接前先关闭电源开关
3	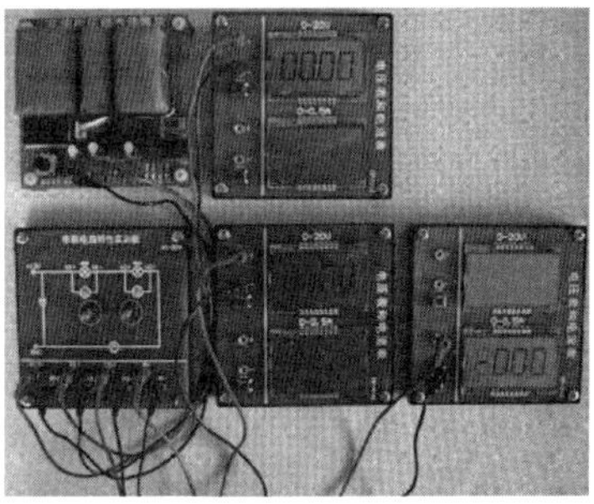	检查无误后打开各个仪表的电源开关,仔细观察实训现象,并做好相关记录
4	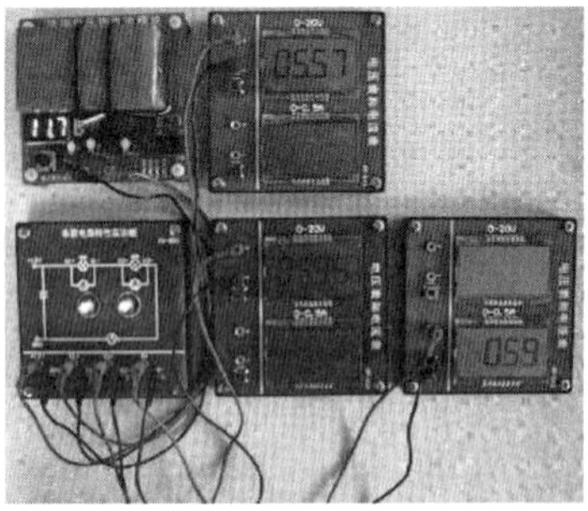	接通电源,调节电源电压,选取测量参数填写下表
5	测量次数 | 电路总电压 U | 电路电流 I | 灯泡1电压 U_1 | 灯泡2电压 U_2 1 2 3 (1) 从上表测量数据计算 U 与 U_1、U_2 的关系: (2) 通过本次实训我们可以得出串联电路电压、电流分配的特点如下: 电压的分配特点: 电流的分配特点:

（3）并联电路特性参数测量。

步 骤	图 示	工 作 页
1	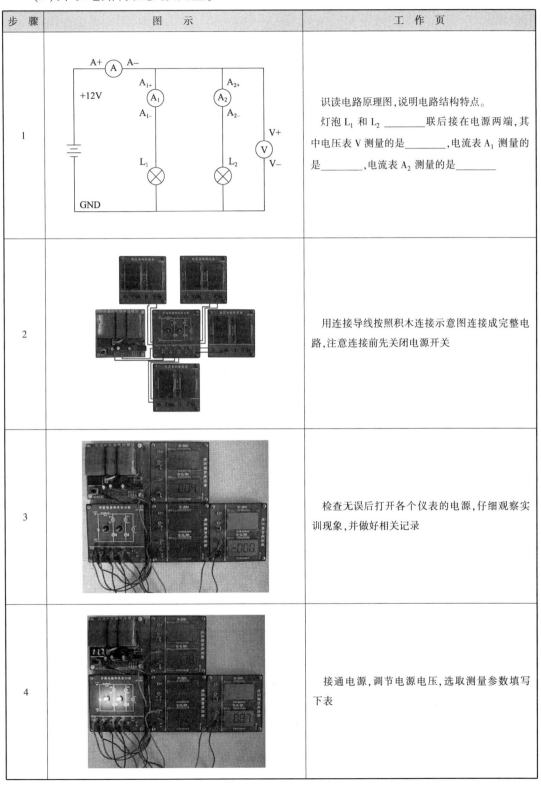	识读电路原理图,说明电路结构特点。 灯泡 L_1 和 L_2 _____联后接在电源两端,其中电压表 V 测量的是_____,电流表 A_1 测量的是_____,电流表 A_2 测量的是_____
2		用连接导线按照积木连接示意图连接成完整电路,注意连接前先关闭电源开关
3		检查无误后打开各个仪表的电源,仔细观察实训现象,并做好相关记录
4		接通电源,调节电源电压,选取测量参数填写下表

续上表

步骤	图 示	工 作 页
5	<table><tr><td>测量次数</td><td>电路总电压 U</td><td>电路总电流 I</td><td>灯泡1电流 I_1</td><td>灯泡2电流 I_2</td></tr><tr><td>1</td><td></td><td></td><td></td><td></td></tr><tr><td>2</td><td></td><td></td><td></td><td></td></tr><tr><td>3</td><td></td><td></td><td></td><td></td></tr></table> (1) 从上表测量数据计算 I 与 I_1、I_2 的关系： (2) 我们可以得出串联电路电压、电流分配的特点如下： 电压的分配特点： 电流的分配特点：

三 检查控制

检查项目	结果或数据	检查项目	结果或数据	检查项目	结果或数据
连线是否规范		是否认真观察实训现象		是否单独完成工作页	
是否出现异常现象		测量数据是否准确		是否严格执行6S管理	

四 评价与反馈

1 自我评价

在知识与技能方面的收获	掌握程度		
	牢固掌握	基本掌握	模糊不清
能够分析串联电路的电路特点			
能够分析并联电路的电路特点			
能够用色环电阻法读出电阻阻值			
能够通过测量并计算串联电路相关参量			
能够通过测量并计算并联电路相关参量			

续上表

在知识与技能方面的收获	掌握程度		
	牢固掌握	基本掌握	模糊不清
能够独立搭接电子积木并完成工作页			
希望自我改进的地方	希望教师改进的地方		

实训小组学生：　　　　　　　　　　　　　　　　完成时间：　　年　月　日

2 小组和教师对本学习任务进行评价

考核项目	评分标准	分数	学生自评（权重20%）	小组互评（权重60%）	教师评价（权重20%）	小计
团队合作	是否协调信任	5				
活动参与	是否积极主动	5				
安全实训	有无安全隐患	10				
现场6S	是否做到	10				
任务方案	是否正确、合理	5				
实训过程	是否独立完成实训；工作页完成情况	40				
任务完成情况	是否圆满完成	5				
工具和材料使用	是否规范、标准	10				
问答	是否能够正确回答	5				
实训设备	是否完好	5				
总　　分		100				
教师签名：　　　　　　　　　　　　　　　年　月　日					得分	

学习任务四　开关与信号显示电路调试

学习目标

◎ **知识目标**
1. 理解各种开关的控制原理。
2. 理解信号显示的方式。

◎ **技能目标**
1. 掌握各种传感开关控制电路的接法。
2. 初步掌握开关显示电路故障的排除。

◎ **素质目标**
1. 规范实训6S管理。
2. 养成团队协作的好习惯。
3. 养成独立思考问题的好习惯。

建议完成本学习任务的时间为**4课时**。

学习任务描述

开关的作用不仅是控制电路中电流的通断,还可以用作简单的传感器指示和显示物理参量,比如高度和速度等。一辆捷达轿车倒车灯不亮,要求你进行检修。

学习内容

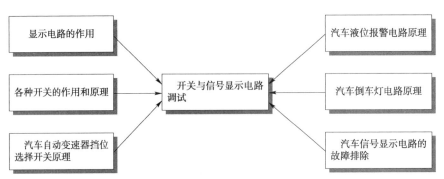

一 资料收集

引导问题 1 汽车报警指示电路由哪些部分组成？

汽车报警指示电路一般由报警开关和报警灯组成，其实质就是一个简单电路，重点在于开关控制方面采用传感器的形式接通或断开电路，如图 2-20 所示。报警灯或指示灯（安装在仪表板上）灯泡为 1～3W，灯泡前有滤光片，滤光片上印有图形符号。图 2-21 所示是汽车仪表常见的指示图形符号。

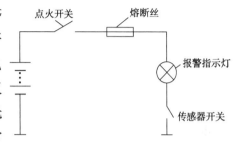

图 2-20　报警指示电路原理图

符号	名称	符号	名称	符号	名称
	远光		近光		转向信号
	危险报警灯操纵件及信号		风窗玻璃刮水器		风窗玻璃洗涤器
	风窗玻璃刮水器及洗涤器		风扇		停车灯
	发动机舱盖		行李舱盖		阻风门(冷起动用)
	音响警告(喇叭)		燃油		发动机冷却液温度
	蓄电池充电指示器和警报信号		机油压力指示器及警报信号		安全带
	前照灯清洗器		点烟器		前雾灯
	后雾灯		灯光总开关及信号		风窗玻璃除雾除霜
	后风窗玻璃除霜和除雾		无铅燃油		前照灯水平手调机构
	后风窗玻璃刮涤器		后风窗玻璃洗涤器		后风窗玻璃刮水器及洗涤器

图 2-21　汽车仪表常见的指示图形符号

引导问题2　弹簧式机油压力报警灯电路是怎样的？

用于提醒驾驶人注意发动机的机油压力异常的低,机油压力警报装置的报警开关一般装在主油道上,弹簧管式机油压力报警开关如图2-22所示。

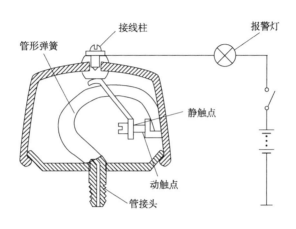

图2-22　弹簧管式机油压力报警开关

工作原理:其传感器为盒式,内有一管形弹簧,一端与接头相连,另一端与动触点相连,静触点与接线柱经接触片与接线柱相连,当机油压力低于0.05MPa时,管形弹簧变形很小,动触点和静触点闭合,电路接通,报警灯点亮;当机油压力高于0.09MPa时,管形弹簧变形较大,动触点和静触点分开,电路断开,报警灯熄灭。

引导问题3　制动液不足报警灯控制电路是怎样的？

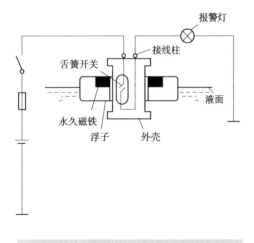

图2-23　制动液不足报警灯控制电路

如图2-23所示,制动液液面报警灯用来在制动液液面降到规定值时,液面报警灯亮,警告驾驶人进行维护。

工作原理:制动液面下降到规定值时,通过浮子带动永久磁铁使舌簧管触点闭合,接通报警灯,发出警告,当制动液面上升时,浮子上升,吸力减弱,舌簧管触点靠自身弹力张开,报警灯熄灭。

引导问题 4 倒车灯电路是怎样的?

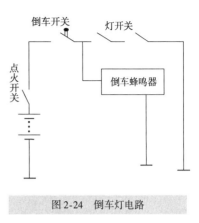

图 2-24 倒车灯电路

倒车灯电路如图 2-24 所示,倒车灯用于提醒车后人员注意,同时倒车信号还被送到倒车雷达、倒车影像辅助倒车设备。

倒车灯电路的工作原理:当汽车挡位挂入 R 挡时,自动接通倒车开关,脱离 R 挡时自动断开开关。

引导问题 5 电路出了故障该怎么办?

当一个日常使用中的电路或我们自己进行实验连接的电路不能正常工作时,电路初学者一般会束手无策,或盲目地进行电路元件的更换,不仅找不出故障反而使电路问题越来越多,甚至出现烧毁电路及元器件的可能。出现这种情况的原因大致有以下几个方面:

(1) 对所遇到的电路原理不清楚,无法对故障电路进行分析判断。
(2) 对电路基本规律缺乏学习总结,导致现场慌乱。
(3) 对电路参数测量工具、测量方法运用不熟练,导致无从下手。
(4) 基于儿时的印象,对电心存恐惧,哪怕是低压安全电压也很担心。

解决以上问题的办法主要还是要由简单到复杂,多学、多思、多动手,基本没有捷径可走。电路虽然多种多样,但其基本规律却并不复杂,掌握基本规律和方法后,很多问题便可迎刃而解。

电路检查口诀:
电路检查不用怕,懂得原理是关键。
逻辑分析要周密,基本技能要多练。
看图分析参数点,理论数据记心间。
万用试灯示波器,实际参数做对比。
电路可分源线件,检查电压可辨源。
线路要查短断路,元件个性来判断。

引导问题 6 对于初学者除了书上讲的,还要明确哪些电路的基本规律?

图 2-25 中 a) 为正常电路,图 2-25b)、c)、d) 电路,在不同点断路了。为了检验你

的基本电路知识,请快速说出各图中 a、b、c、d 各点的电压。如果你的答案出现了错误,说明你对电路最基本知识的理解和运用存在问题。如果能运用以下总结的规律进行分析,答案会很清晰。

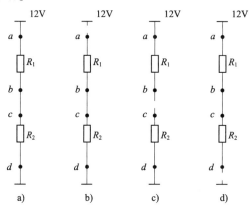

图 2-25　故障电路上不同断路点及电路电压($R_1 = R_2$)

(1)电路只有导通,电流流过电阻(负载)才会产生电压降,没有电流就没有压降。

(2)电路上某点出现断路时:对于串联、并联电路,一侧断点到电源正极侧的电压处处相等,为电源电压。另一侧断点到电源负极侧的电压也处处相等,为负极电压。对于混联电路,断点两侧的电压分别等于断路支路与正常电路连接处的电压。

(3)电流流过导线、开关、熔断丝等元件,正常情况下,不会产生压降或压降很小,否则这些元件存在故障。

(4)并联电路总电阻,小于其中最小电阻。串联电路总电阻大于其中最大电阻。

(5)以负载为中心分析电路,两端分别将到达电源正负极,从所经过的控制元件可明确电路原理。复杂的电路都是由基本电路组成,分析复杂电路图时,先要找到负载,再以负载为中心,其两侧电路最后必会到达电源正、负极,画出这个电路回路,会发现这个回路一定是一个基本电路。

以上这些分析方法很重要,因为如果我们不知道电路上正常的电压值、不正常的电压值及产生原因,那么我们用万用表检测出了数据,也没有任何意义。

引导问题7　**怎样排除一个简单电路的故障?**

电路故障检查的方法和步骤没有唯一,在实际工作中要根据具体状况确定。比如一个路灯不亮了,如果方便的话可以用一个举升车直接更换路灯灯泡来检查是不是灯泡坏了，也可以在换灯泡前用万用表检查灯头上两极电压是否正常，如图2-26所示。如果没有举升车那就只有先在地面上检查电源线电压，进而判断出是否是输电的问题，还是灯杆内部导线或灯泡的问题，免得花力气爬上了灯杆，却发现是下面的线没接好。然而我们在学校所学习的知识和所做的电路实验不会出现这些实际情况的限制，所以容易导致不少人即使学过了电学知识，也不会维修日常电路中出现的故障，所以在学习中要学会尝试用不同的方法进行电路检测与分析的练习，做到熟能生巧。在此向大家介绍一种最基本的电路检测方法，从电源开始逐点检查法。希望大家在此基础上形成你自己的检测方式。

基本电路的检查方法如图2-27所示。首先分析电路，假设电源电压为12V，以电源负极 b 点作为参考0电位。合上开关后，正常情况下灯会亮，并且电路上点 a、h、g、f、e、d 各点电压都应该为电源电压12V，点 c、b 点电压为0V，如果灯不亮，我们用万用表检查电路。

图2-26　路灯维修

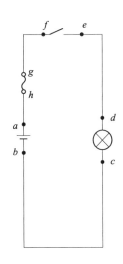

图2-27　基本电路检查方法

（1）将数字万用表调整到20V直流电压挡，打开万用表开关，确认万用表不出现电压不足提示。

（2）万用表黑表笔接电池负极 b 点。合上电路电源开关。红表笔分别检测点 a、h、g、f、e、d，各点电压应为12V，如果出现某点电压过低或为0V，说明该点与其前一点间存在接触不良或断路。检测 c 点电压应为0V，如果为12V，说明 c、d 间出现了断路。

（3）将红表笔置于电源正极 a 点，黑表笔分别检测负极电源线上各点，电压应显示12V，否则负极出现断路。

（4）如果正负极都正常，灯泡不亮，则初步可判断为灯泡故障，可拆下灯泡检查电阻，如果电阻为无穷大，则灯泡损坏，应更换灯泡。

（5）如果判断出电路某处接触不良或断路，应进一步断开电源，检测这两点之间电阻，阻值如果大于1Ω，甚至无穷大，就可以确认此处为故障部位。

以上方法可谓是最规矩简便而又可靠的方法，实际上，你也可以用万用表先检测灯泡两侧 d、c 之间的电压值，从而快速判断是灯泡故障还是电路故障，根据电路常见故障，也可以先检查熔断丝是否熔断等，检测方法不一而足。希望每位同学积极动脑筋，找出各种不同的检测方法。

二 实施作业

1 任务布置

（1）模拟自动变速器挡位指示（选择开关）。
（2）模拟液位报警指示电路（舌簧开关）。
（3）模拟倒车灯电路（自动复位开关）。

2 任务准备

需要准备以下器材。

积木连线实训板 	万用表 	可调锂电池模块 	开关熔断丝积木板 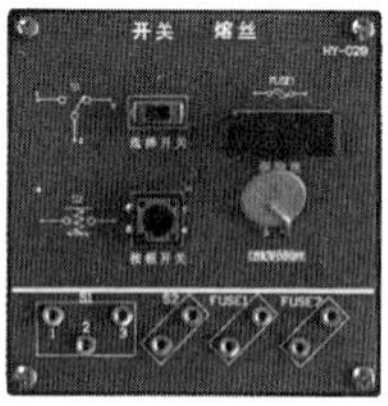
负载积木板 	磁敏元件积木板 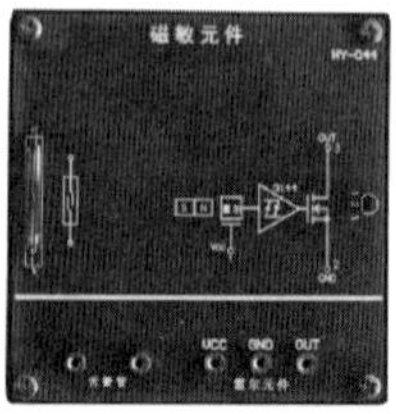	连接导线 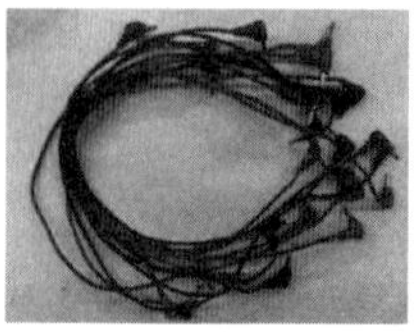	试验用小磁铁 

项目二 基础电路

3 任务步骤

(1)模拟自动变速器挡位指示(选择开关)。

步骤	图 示	工 作 页
1	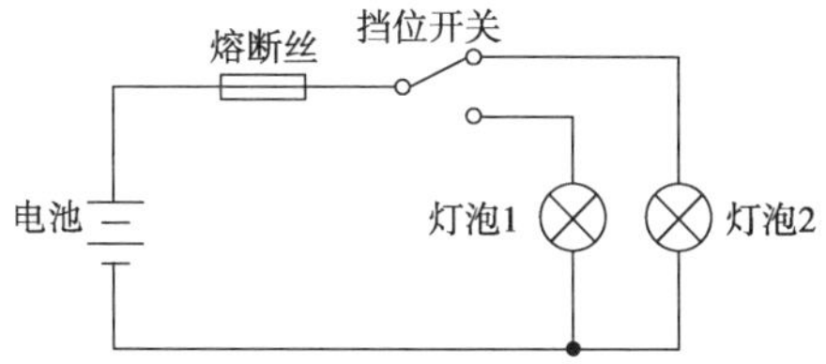 (电路原理图：电池、熔断丝、挡位开关、灯泡1、灯泡2)	识读电路原理图,挡位开关为单刀多掷开关,每个位置有一路被选通,从而接通被选择的电路。本实训电路模拟两个挡位选择,我们可以假设开关拨向左端接通灯泡1(N挡),拨向右端接通灯泡2(D挡)
2	 (积木式电器板连接示意图)	用连接导线按照积木式电器板连接示意图连接成完整电路,注意连接前先关闭电源开关
3	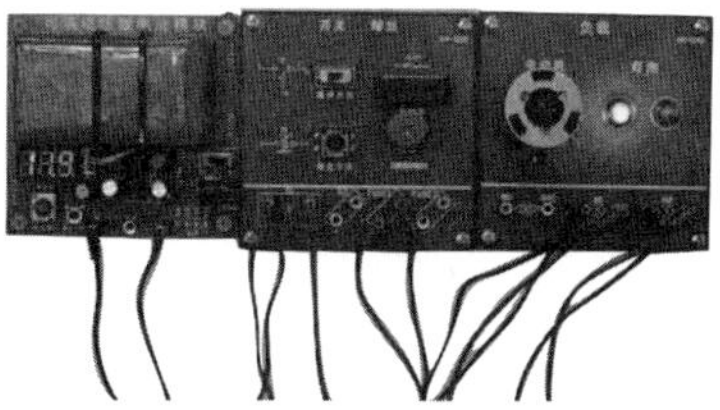 (连接完成的电路图)	检查无误后接通电源,当选择开关拨向左边时,接通了灯泡1电路,此时灯泡1_____
4	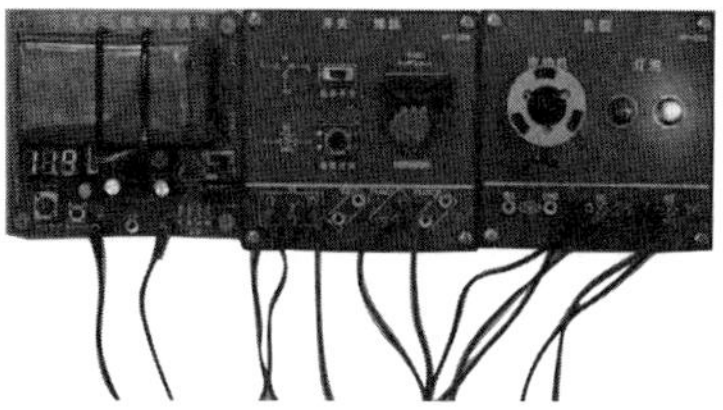 (连接完成的电路图)	当开关拨向右边时,接通了灯泡2电路,此时灯泡2_____

提示:在自动变速器汽车仪表挡位显示电路中通常采用这种方式,通过开关接通不同位置的灯泡或不同颜色的发光二极管来提示驾驶人自动变速器所处的挡位

49

汽车电工电子基础(第二版)

(2)模拟液位报警指示电路(舌簧开关)。

步 骤	图 示	工 作 页
1	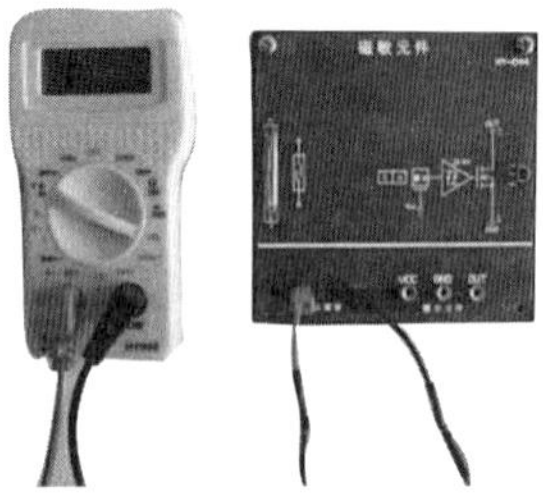	用万用表电阻挡连接磁敏元件积木板舌簧管,当没有磁铁靠近舌簧管时,舌簧管相当于开关_____,此时万用表显示_____
2	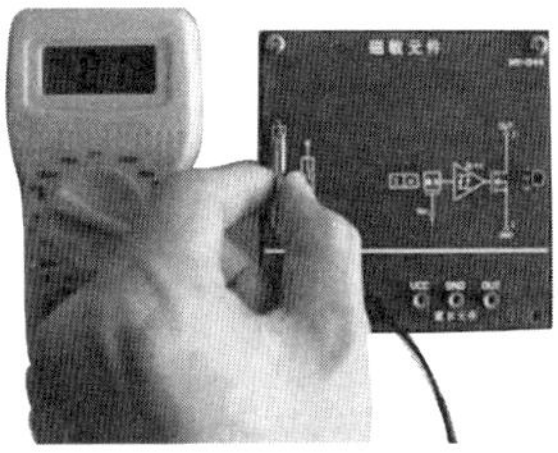	当用磁铁靠近舌簧管时,舌簧管两个节点吸合,相当于开关_____,此时万用表显示_____;把磁铁极性对调靠近舌簧管,会出现什么现象?
知识链接:舌簧管是一种磁敏的特殊开关,它的两个触点由特殊材料制成,被封装在真空的玻璃管里,只要用磁铁接近它,舌簧管两个节点就会吸合在一起,使电路接通。因此,可以作为传感器用于计数、限位等		
3	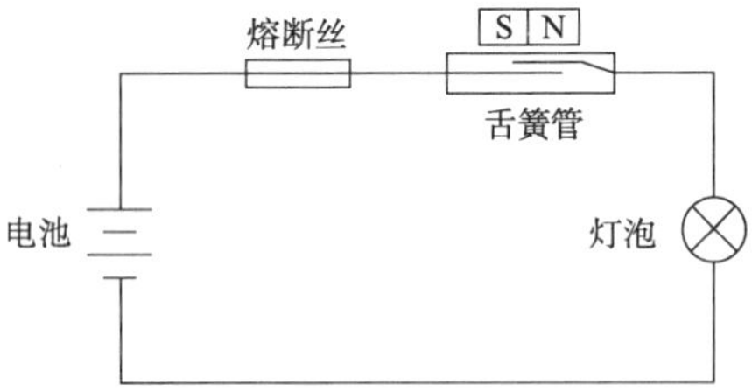	识读电路原理图,说明元器件的作用。 电源:_____ 灯泡:_____ 熔断丝:_____ 舌簧管:_____ 磁铁:_____
4		用连接导线按照积木连接示意图连接成完整电路,注意连接前先关闭电源开关

50

续上表

步骤	图 示	工 作 页
5		检查无误后接通电源,当舌簧管没有磁场靠近时,其两端_____,电路不通,灯泡_____
6		当磁铁靠近舌簧管时,内部两触点_____,接通电路,灯泡_____

提示:在汽车液位报警指示电路中常用舌簧管作为传感器,浮子机构上常有磁铁,当液位过低磁铁靠近下端的舌簧管时接通报警指示电路,提醒驾驶人注意

(3)模拟倒车灯电路(自动复位开关)。

步骤	图 示	工 作 页
1	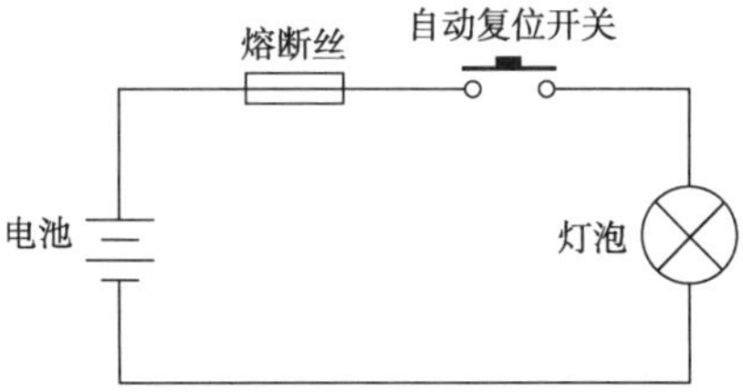	识读电路原理图,说明元器件的作用。 电源:_____ 灯泡:_____ 熔断丝:_____ 自动复位开关:_____
2	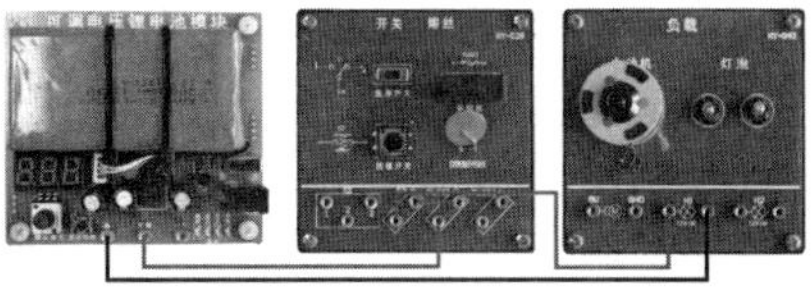	用连接导线按照积木连接示意图连接成完整的电路,注意连接前先关闭电源开关

续上表

步骤	图 示	工 作 页
3		检查无误后接通电源。未按下按键时,电路_____,灯泡_____
4		当按下按键时,电路_____,灯泡_____

提示:汽车倒车灯电路采用自动复位开关,开关只有在变速器挂入倒挡时闭合接通倒车灯和声响电路,提醒驾驶人和车后人员注意

三、检查控制

检查项目	结果或数据	检查项目	结果或数据	检查项目	结果或数据
连线是否规范		是否认真观察实训现象		工作页完成情况	
是否出现异常现象		测量数据是否准确		是否严格执行6S管理	

四、评价与反馈

1 自我评价

在知识与技能方面的收获	掌握的程度		
	牢固掌握	基本掌握	模糊不清
能够说明信号显示电路的作用			
能够分析机油压力报警灯电路的原理			
能够分析制动液不足报警灯电路的原理			
能够分析倒车灯电路的原理			

项目二 基础电路

续上表

在知识与技能方面的收获	掌握的程度		
	牢固掌握	基本掌握	模糊不清
能够连接模拟自动变速器挡位指示电路的连接与调试			
能够连接模拟液位报警指示电路的连接与调试			
能够连接模拟倒车灯电路的连接与调试			
希望自我改进的地方	希望教师改进的地方		

实训小组学生：　　　　　　　　　　　　　　　完成时间：　　年　月　日

2 小组和教师对本学习任务进行评价

考核项目	评分标准	分数	学生自评（权重20%）	小组互评（权重60%）	教师评价（权重20%）	小计
团队合作	是否协调信任	5				
活动参与	是否积极主动	5				
安全实训	有无安全隐患	10				
现场6S	是否做到	10				
任务方案	是否正确、合理	5				
实训过程	是否独立完成实训；工作页完成情况	40				
任务完成情况	是否圆满完成	5				
工具和设备使用	是否规范、标准	10				
问答	是否能够正确回答	5				
实训设备	是否完好	5				
总　　　分		100				

教师签名：　　　　　　　　　　　　　年　月　日　　　　得分

项目三 电的磁效应及应用

项目描述

奥斯特发现,任何通有电流的导线,都可以在其周围产生磁场的现象,这种现象称为电流的磁效应。非磁性金属导体通以电流,可产生与磁铁相同效果的磁场和磁力。

我们的生活中,有许多利用电流磁力的装置,如电磁阀、继电器、电动机、磁悬浮列车等。汽车上应用电流磁力的装置主要有喷油器、气门可变电磁阀、起动继电器、起动机、点火线圈等。从本项目开始,我们接触电磁器件,要开展相关任务,必须具备电磁学的基本知识,重点学习继电器、电动机等器件的原理、控制电路和检测方法。

学习任务一 继电器控制电路

学习目标

◎ 知识目标

1. 理解电路控制的方式。
2. 掌握继电器的控制原理。

项目三 电的磁效应及应用

◎ 技能目标
1. 掌握继电器的测量方法。
2. 掌握继电器电路的接法。
3. 初步掌握继电器电路故障的排除。

◎ 素质目标
1. 规范实训 6S 管理。
2. 养成团队协作的好习惯。
3. 养成独立思考问题的好习惯。

建议完成本学习任务的时间为 **6 课时**。

 学习任务描述

继电器是最常用的间接控制器件,在现代汽车和工业控制中都有广泛的应用,掌握继电器原理和电路的接法是现代汽车电工维修最基本的要求。任何汽车电动车窗的修理,均要求你掌握继电器的接法。

 学习内容

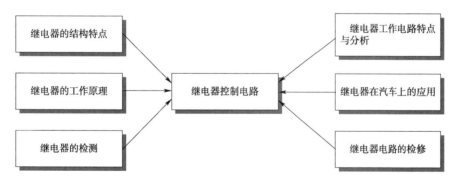

 一 资料收集

引导问题 1 什么是电磁铁?

我们知道电流周围存在磁场,当一带电导线变成线圈时,就会产生一个带 N 和 S

极的磁场,如条形磁铁一样。如果将一铁芯放入线圈中,磁场会变强,可以吸引铁质。继电器和电磁阀就是应用电磁铁原理,线圈通电后能产生极强的磁吸引力,如图 3-1 所示。

引导问题 2　继电器和结构和工作原理是怎样的?

继电器是一种电磁控制器件。它具有控制系统(又称输入回路)和被控制系统(又称输出回路)之间的互动关系。通常应用于自动化的控制电路中,它实际上是用小电流去控制大电流运作的一种"自动开关"。故在电路中起着自动调节、安全保护、转换电路等作用。

电磁式继电器一般由铁芯、线圈、衔铁、触点簧片等组成,如图 3-2 所示。

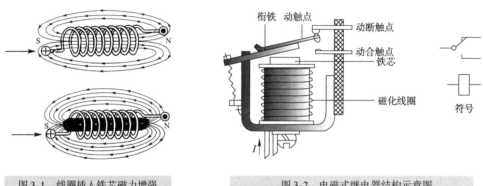

图 3-1　线圈插入铁芯磁力增强　　　图 3-2　电磁式继电器结构示意图

只要在线圈两端加上一定的电压,线圈中就会流过一定的电流,从而产生电磁效应,衔铁就会在电磁力吸引的作用下克服复位弹簧的拉力吸向铁芯,从而带动衔铁的动触点与静触点(动合触点)吸合。当线圈断电后,电磁的吸力也随之消失,衔铁就会在弹簧的反作用力下返回原来的位置,使动触点与原来的静触点(动断触点)释放。这样吸合、释放,从而实现了在电路的导通、切断目的。

对于继电器的"动合、动断"触点,可以这样来区分:继电器线圈未通电时处于断开状态的静触点,称为"动合触点",处于接通状态的静触点称为"动断触点"。继电器一般有两路回路,分别是低压(小电流)控制电路和高压(大电流)工作电路。图 3-3 所示为汽车继电器电路符号,图 3-4 所示为汽车常用继电器实物图。

引导问题 3　继电器的技术参数有哪些?

(1) 额定工作电压:是指继电器正常工作时线圈所需要的电压,也就是控制电路的控制电压。根据继电器的型号不同,可以是交流电压,也可以是直流电压。汽车用继电器一般是直流12V。

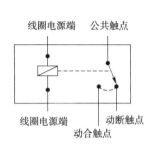

图3-3 汽车继电器电路符号

图3-4 汽车常用继电器实物图

(2) 直流电阻:是指继电器中线圈的直流电阻,可以通过万能表测量。

(3) 吸合电流:是指继电器能够产生吸合动作的最小电流。在正常使用时,给定的电流必须略大于吸合电流,这样继电器才能稳定地工作。而对于线圈所加的工作电压,一般不要超过额定工作电压的1.5倍,否则会产生较大的电流而把线圈烧毁。

(4) 释放电流:是指继电器产生释放动作的最大电流。当继电器吸合状态的电流减小到一定程度时,继电器就会恢复到未通电的释放状态。这时的电流远远小于吸合电流。

(5) 触点切换电压和电流:是指继电器允许加载的电压和电流。它决定了继电器能控制电压和电流的大小,使用时不能超过此值,否则很容易损坏继电器的触点。

引导问题4 如何测试继电器?

1 测触点电阻

使用万用表的电阻挡,测量动断触点与动点电阻,其阻值应为0(接通);而动合触点与动点的阻值应为无穷大(断开)。由此可以区别出那个是动断触点,那个是动合触点。

2 测线圈电阻

可用万用表二极管挡或电阻挡测量继电器线圈的阻值,阻值一般很小,从而判断该线圈是否存在着断路现象。

二 实施作业

1 任务布置

（1）继电器的测量。
（2）继电器特性实训。
（3）继电器应用电路。
（4）闪光继电器原理。

2 任务准备

需要准备以下器材。

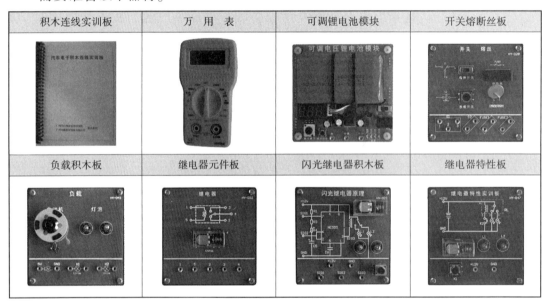

3 任务步骤

（1）继电器的测量。

步 骤	图 示	工 作 页
1		用万用表电阻挡测量继电器线圈阻值，电阻值为_____，对调表笔，电阻值为_____。若电阻值为无穷大，说明线圈端_____，继电器能否正常使用？_____

续上表

步骤	图 示	工 作 页
2	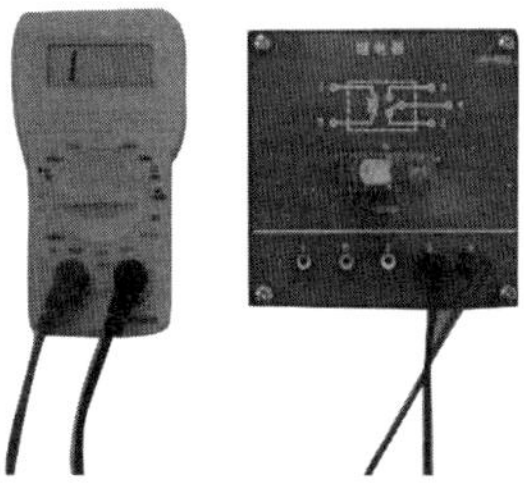	用万用表电阻挡测量动触点与动合触点的阻值为_____,若继电器工作时动触点与动合触点的阻值为_____,原因是_____
3	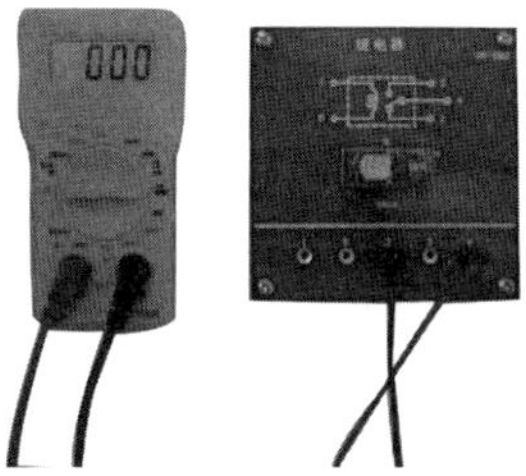	用万用表电阻挡测量动触点与动断触点的阻值为_____,若继电器工作时动触点与动断触点的阻值为_____,原因是_____
4	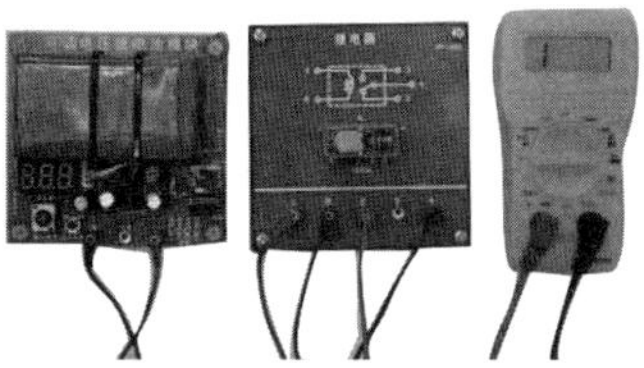	继电器线圈通电后动断触点与动触点_____
5	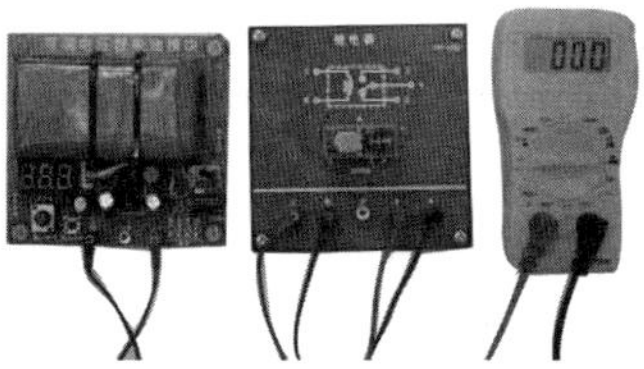	继电器线圈通电后动合触点与动触点_____

(2)继电器特性实训。

步骤	图 示	工 作 页
1	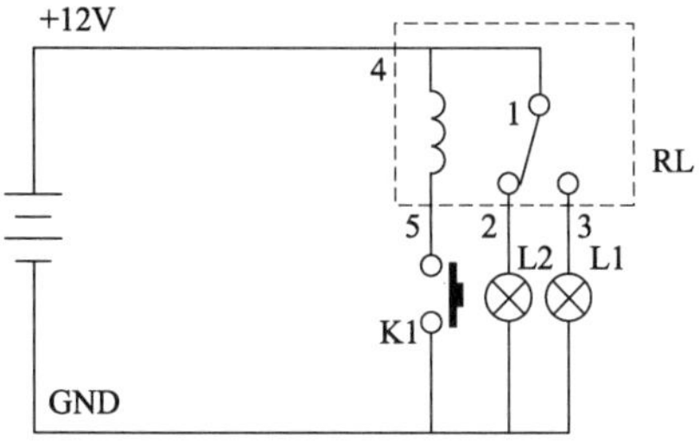	识读原理图,继电器的线圈端是_____脚位,用_____控制;动合触点的脚位是_____,控制的是_____;动断触点的脚位是_____,控制的是_____

续上表

步骤	图 示	工 作 页
2	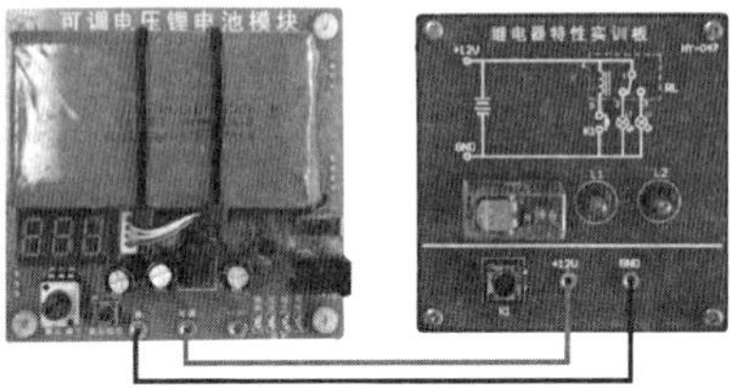	用连接导线按照积木连接示意图连接成完整电路,注意连接前先关闭电源开关
3	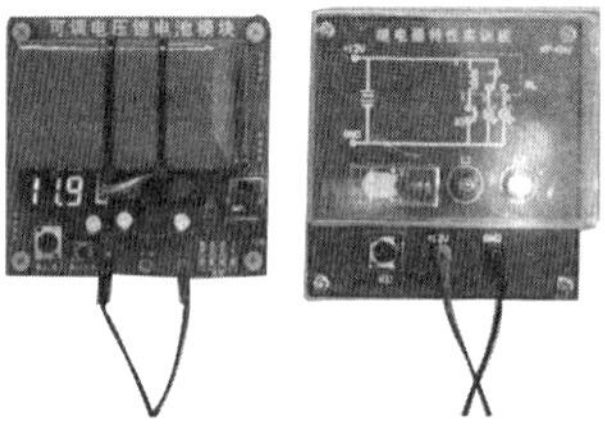	检查无误后接通电源,未按下按键时,继电器线圈不通电,不产生电磁力,动合触点_____,灯泡 L1 _____;灯泡 L2 _____(填"亮"或"灭")
4	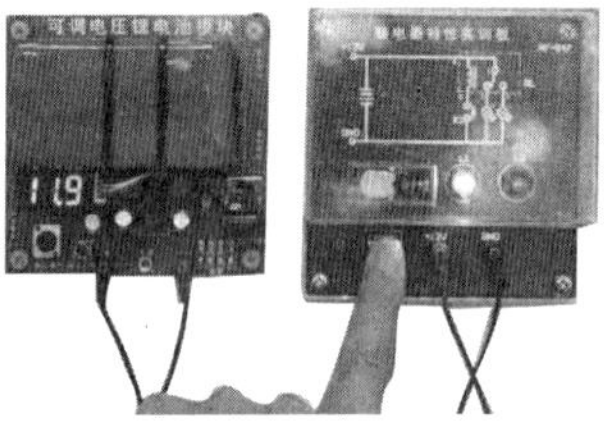	按下按键时,继电器线圈通电产生电磁力吸合动合触点,断开动断触点,此时灯泡 L1 _____,灯泡 L2 _____(填"亮"或"灭")

（3）继电器应用电路。

步骤	图 示	工 作 页
1	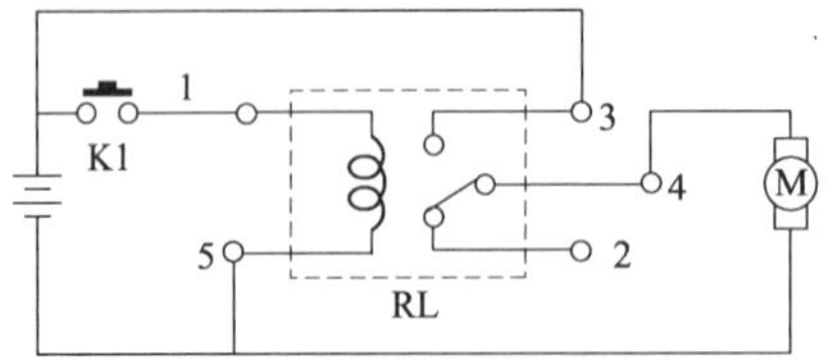	识读电路原理图,说明元器件的作用。 电源：_____ 继电器：_____ 开关：_____ 电动机：_____
2		用连接导线按照积木连接示意图连接成完整电路,注意连接前先关闭电源开关

续上表

步骤	图示	工作页
3	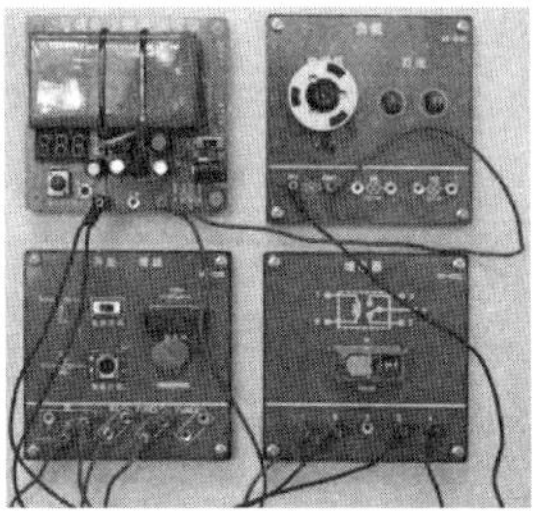	检查无误后接通电源,开关未闭合,未接通线圈回路,此时电动机_____;原因是_____
4	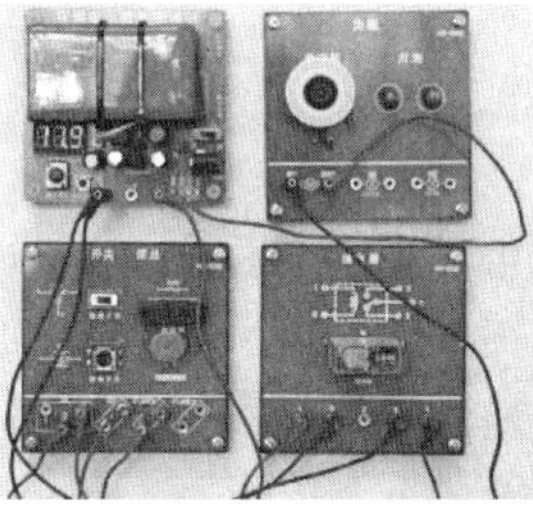	闭合开关,接通线圈回路,此时电动机_____,同时可以测量线圈通电电流和控制灯泡电流,分别为_____,_____。通过这个实训我们知道继电器线圈回路和触点控制回路是分开的,且继电器可以小电流回路控制大电流回路

(4)闪光继电器原理。

步骤	图示	工作页
1	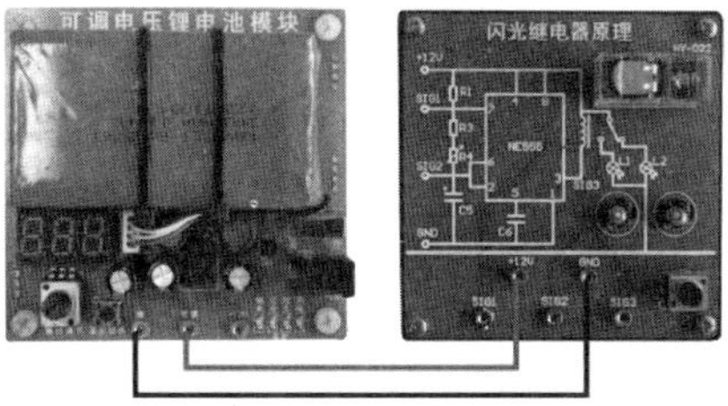	用连接导线按照积木连接示意图连接成完整电路,注意连接前先关闭电源开关
	知识链接:汽车转向灯闪光器是用于指明汽车行驶方向变化的闪光装置(左转还是右转)。闪烁频率为 0.5~1Hz,分为机械式和电子式,通常是由定时元件构成的,具有功率检测、故障指示等功能。本闪光继电器采用555组成频率可调的多谐振荡电路,调节电位器改变振荡频率	
2	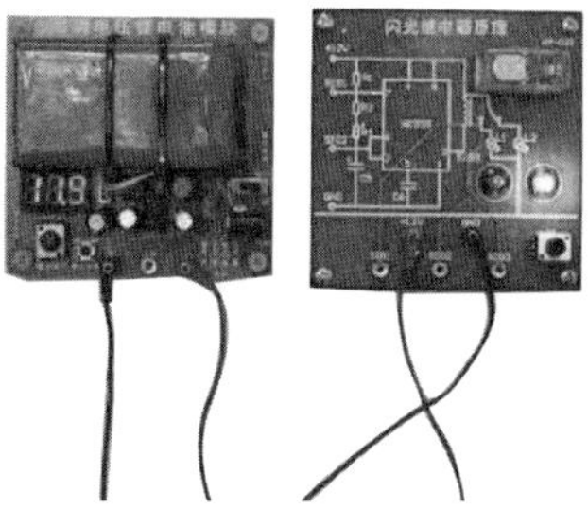	检查无误后接通电源,可以看到两个灯泡交替闪烁,调节电位器,可以改变闪烁频率

续上表

步骤	图示	工作页
3	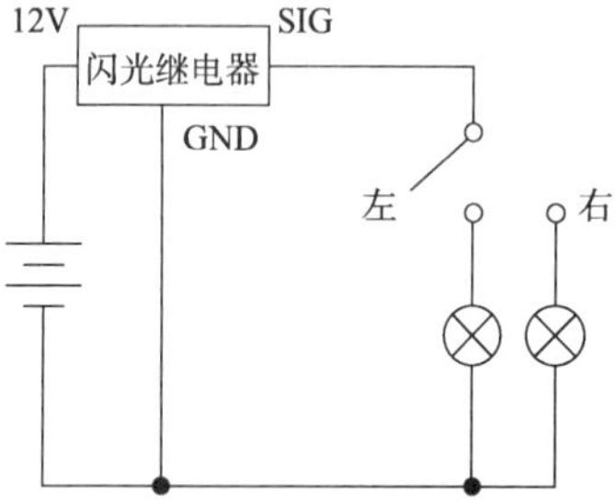 (电路图：12V 闪光继电器 SIG GND 左 右)	在汽车转向灯电路中,通常闪光继电器产生一个1Hz闪烁脉冲信号,再通过转向开关接通多个琥珀色(接近黄色)转向灯闪烁,引起前后人员注意。本电路我们可以把闪烁脉冲信号接入选择开关,模拟汽车转向灯电路
4	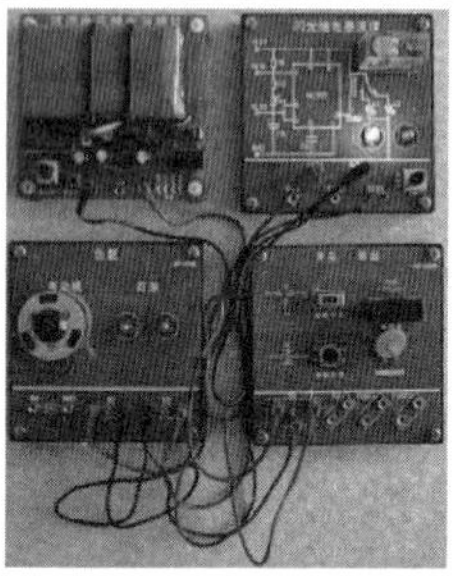 (实物连接图)	用连接导线按照积木连接示意图连接成完整电路,注意连接前先关闭电源开关
5	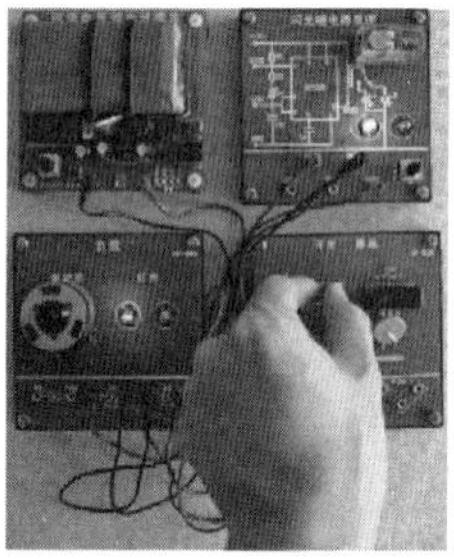 (实物操作图)	检查无误后接通电源,把选择开关拨向左边时,接通左边的灯泡闪烁
6	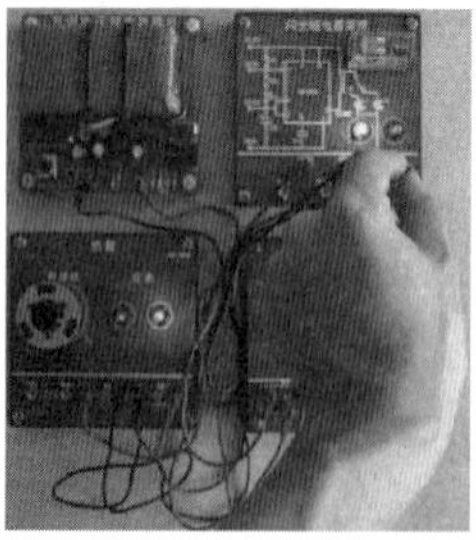 (实物操作图)	把选择开关拨向右边时,接通右边的灯泡闪烁

三 检查控制

检查项目	结果或数据	检查项目	结果或数据	检查项目	结果或数据
连线是否规范		是否认真观察实训现象		是否单独完成工作页	
是否出现异常现象		测量数据是否准确		是否严格执行6S管理	

四 评价与反馈

1 自我评价

在知识与技能方面的收获	掌握的程度		
	牢固掌握	基本掌握	模糊不清
能够说明继电器的结构与工作原理			
能够用万用表检测继电器性能			
能够用万用表区分继电器引脚的功能			
能够连接继电器积木电路并能进行故障排除			
能够说明闪光继电器原理			
能够连接模拟汽车转向灯积木电路并调试			
希望自我改进的地方		希望教师改进的地方	
实训小组学生：		完成时间： 年 月 日	

2 小组和教师对本学习任务进行评价

考核项目	评分标准	分数	学生自评（权重20%）	小组互评（权重60%）	教师评价（权重20%）	小计
团队合作	是否协调信任	5				
活动参与	是否积极主动	5				
安全实训	有无安全隐患	10				
现场6S	是否做到	10				
任务方案	是否正确、合理	5				
实训过程	是否独立完成实训；工作页完成情况	40				
任务完成情况	是否圆满完成	5				
工具和设备使用	是否规范、标准	10				
问答	是否能够正确回答	5				
实训设备	是否完好	5				
总 分		100				
教师签名：				年 月 日	得分	

学习任务二 电动车窗电动机正转与反转

学习目标

◎ **知识目标**
1. 理解电动车窗的工作原理。
2. 掌握直流电动机转向的控制方式。

◎ **技能目标**
1. 掌握电动车窗线路正转和反转的接法。
2. 掌握电动车窗线路故障的排除。

◎ **素质目标**
1. 规范实训6S管理。
2. 养成团队协作的好习惯。
3. 养成独立思考问题的好习惯。

建议完成本学习任务的时间为 **4** 课时。

学习任务描述

汽车电动车窗玻璃升降功能的实现是由车窗电动机、车窗开关、连接导线及相关电路的正常工作得以保证,其主要原理是通过三位双联开关控制直流电动机的正转和反转,实现电动车窗玻璃的上升与下降。直流电动机是通过调换磁极方向实现正、反转的,这种控制形式也适用于电动门锁。

学习内容

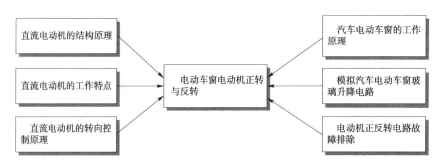

一 资料收集

引导问题1 电动车窗的升降器有何作用?

为了减轻驾驶员的劳动强度,现代汽车设计的舒适系统越来越多,汽车的舒适系统主要有电动车窗、电动刮水器、电动座椅等。电动车窗的升降器是该系统的核心部件,是一个执行机构,它执行驾驶员或乘员的指令使车窗玻璃升降,该部件主要由电动机、传动装置等组成。目前,轿车普遍装有电动车窗。驾驶人坐在驾驶座上,即可利用控制开关使全部车窗玻璃自动升降,操作简便,且有利于行车安全。

引导问题2 直流电动机的工作原理与结构是怎样的?

直流电动机工作原理的本质是电流磁效应的应用,是以通电导体在磁场中受磁场力作用这一原理为基础制成的,如图3-5所示。

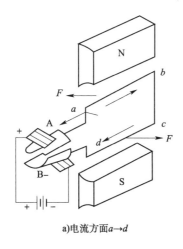
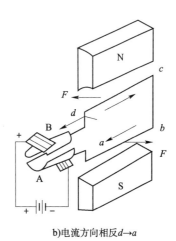

a)电流方面 a→d 　　　　　　　　b)电流方向相反 d→a

图 3-5 直流电动机的工作原理

当电路接通时,如图3-5a)所示,线圈 abcd 的电流方向是:蓄电池正极→励磁绕组→电刷→换向片 A→线圈(a→d)→换向片 B→电刷→搭铁,此时励磁绕组中产生电磁场,磁场磁极如图中所示,根据左手定则可知,线圈中的有效边 ab 与 cd 所受磁场力 F 的方向如图中所示,此时线圈产生的转矩方向为逆时针;当线圈转过半周后,如图3-5b)所示,线圈 abcd 中的电流方向发生改变,电流方向是:蓄电池正极→励磁绕组→电刷→换向片 B→线圈(d→a)→换向片 A→电刷→搭铁,此时线圈中的电流

方向虽改变为 $d→a$，但线圈中的有效边 ab 与 cd 所受的磁场力 F 的方向同时改变，故线圈产生的转矩方向不变，仍为逆时针方向。

由于一个线圈所产生的力矩太小，转速又不稳定，所以电动机的电枢绕组是由很多线圈组成的，换向器的片数也随线圈的增多而增加。

引导问题3 电动车窗系统由哪几部分组成，其功能如何设计？

电动车窗主要由车窗玻璃、车窗玻璃升降器、电动机和控制开关等组成。电动车窗主要由车窗升降器、电动机、继电器、开关等组成，如图3-6所示。

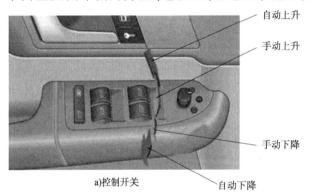
a)控制开关

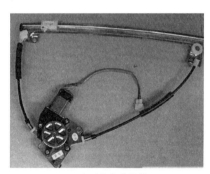
b)电动车窗升降器

图3-6 电动门窗升降器及控制开关

电动车窗的功能设计是这样的：驾驶员操作时，可以使4个车窗中的任意一个车窗玻璃上升或下降，而乘员只能使所在某一个门上的车窗玻璃上升或下降。也就是说电动门窗的控制开关有两套，一套装在驾驶员侧车门扶手上，为总开关，可控制每个车窗玻璃的升降。另一套分别装在每个乘客门上，为分开关，可单独控制一个车窗玻璃升降。所有车窗电动机都要通过总开关搭铁，如果总开关断开，分开关就不能起作用了。另外，电动车窗通常使用双向永磁或绕线（双绕组串联）式电动机，各车窗都独立安装一台电动机，经开关控制其电流方向，实现车窗玻璃的升降。当电动车窗玻璃下降时，连接在扇形齿轮上的螺旋弹簧卷起，储存一定能量；当车窗玻璃升高时，弹簧将其储存的能量释放，协助电动机升高车窗玻璃。螺旋弹簧使车窗玻璃升降时驱动电动机承受相等的负荷。

引导问题4 电动车窗开关是如何改变电流方向继而实现控制电动机正反转？

车窗升降电动机采用可以双向转动的电动机，其核心控制原理就是通过改变电流方向实现正反转从而控制门窗玻璃的升或降。现在的问题是我们需要设计一套能控制4个车窗玻璃升降的总系统,且要求每个门上的车窗电动机都可由2个开关(驾驶员主控开关、对应门上的分控开关)分别控制,而且要控制电流的正、反向从而实现控制电机正、反转。我们可以先研究某一个车窗(非驾驶位)升降系统的电路,其核心也就是2个开关的双控电路。

图3-7为驾驶员主控开关控制左后车窗玻璃上升时的电流方向(箭头标示),+12V蓄电池电流→熔断丝→驾驶员侧车窗总开关→电动机M→返回总开关后搭铁。图3-8为左后乘客门使用独立操作开关控制左后车窗玻璃下降时电流方向。

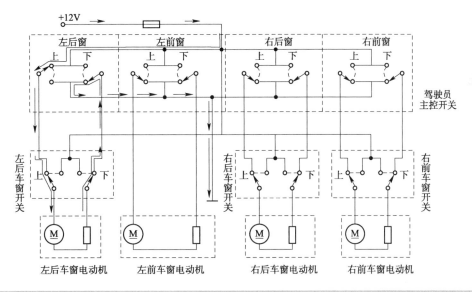

图3-7 驾驶员主控开关控制左后车窗玻璃上升时电流方向

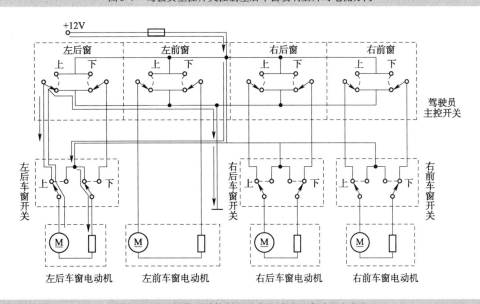

图3-8 独立操作开关控制左后车窗玻璃下降时电流方向

不同车型所采用的电动车窗的电动机及其控制电路各不相同,电动机分为直接搭铁式和控制搭铁式两种,上述介绍的电路为控制搭铁式。直接搭铁式电路,电动机的一端直接搭铁,电动机内部有两组磁场线圈。通过接通不同的线圈,使电动机的转向不同,实现车窗玻璃的上升和下降动作,其控制电路较简单。

二 实施作业

1 任务布置

(1)模拟汽车电动车窗玻璃升降电路。
(2)根据维修手册连线电动车窗电路并写出排放方案。

2 任务准备

需要准备以下器材。

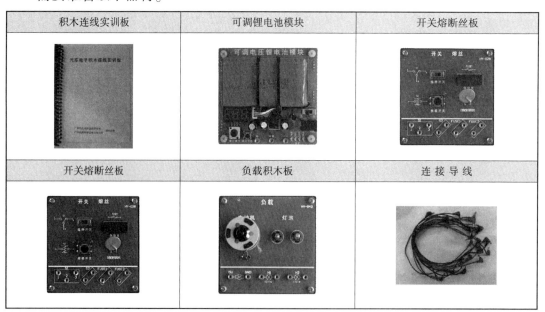

(1)模拟汽车电动车窗玻璃升降电路。

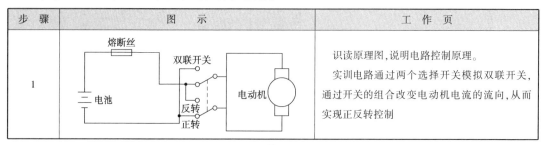

续上表

步骤	图示	工作页
2		用连接导线按照积木连接示意图连接成完整电路,注意连接前先关闭电源开关
3	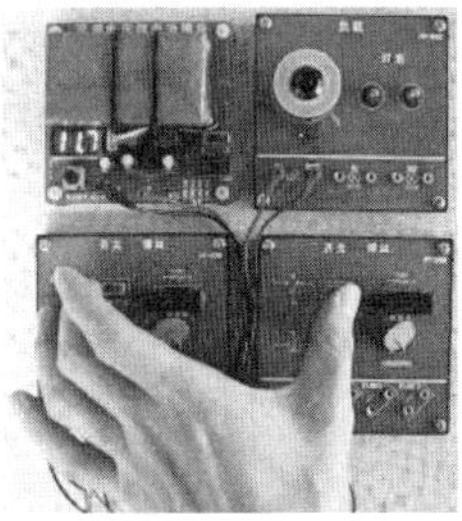	检查无误后接通电源,用手同时拨动两个开关的方向,观察电动机的转向
4	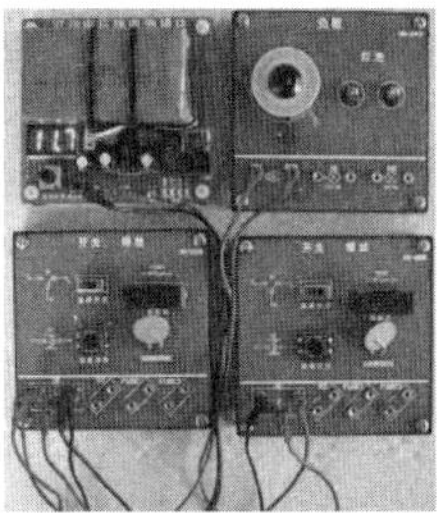	当两个开关都在左端时,电动机_____,请分析电流流向:_____
5		当两个开关都在右端时,电动机_____,请分析电流流向:_____。 若是开关一左一右,电动机_____,原因是_____

提示:实际上汽车上用的开关是双联开关,汽车电动门窗玻璃升降和电动后视镜电路用的都是直流电动机,改变电动机电流方向即可实现门窗玻璃的升降和后视镜方向的调整

(2)根据维修手册连线电动车窗电路并写出排故方案。

根据图3-9,请同学们应用电流通路分析其工作原理,并写出部分车窗玻璃不能升降或只能向一个方向运动故障的排故方案。

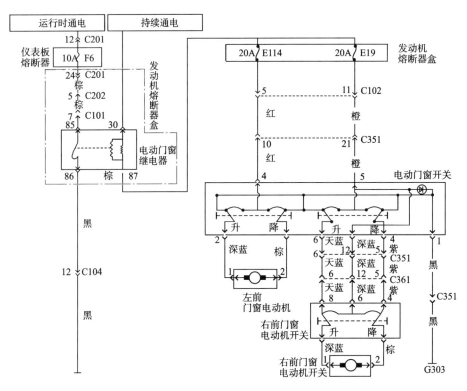

图 3-9 一种汽车电动车窗控制电路

三、检查控制

检查项目	结果或数据	检查项目	结果或数据	检查项目	结果或数据
连线是否规范		是否认真观察实训现象		是否单独完成工作页	
是否出现异常现象		测量数据是否准确		是否严格执行6S管理	

项目三 电的磁效应及应用

四 评价与反馈

1 自我评价

在知识与技能方面的收获	掌握的程度		
	牢固掌握	基本掌握	模糊不清
能够说明直流电动机的结构及工作原理			
能够说明直流电动机的转向控制方法			
能够分析汽车车窗玻璃升降控制电路			
能够连接模拟汽车车窗玻璃升降积木电路并调试			
希望自我改进的地方	希望教师改进的地方		
实训小组学生：	完成时间： 年 月 日		

2 小组和教师对本学习任务进行评价

考核项目	评分标准	分数	学生自评（权重20%）	小组互评（权重60%）	教师评价（权重20%）	小计
团队合作	是否协调信任	5				
活动参与	是否积极主动	5				
安全实训	有无安全隐患	10				
现场6S	是否做到	10				
任务方案	是否正确、合理	5				
实训过程	是否独立完成实训；工作页完成情况	40				
任务完成情况	是否圆满完成	5				
工具和设备使用	是否规范、标准	10				
问答	是否能够正确回答	5				
实训设备	是否完好	5				
总 分		100				
教师签名：			年 月 日		得分	

71

学习任务三　汽车起动机继电器控制电路

◎ **知识目标**
1. 理解起动机的工作原理。
2. 掌握继电器控制电动机的控制方式。

◎ **技能目标**
1. 掌握汽车起动机继电器控制电路的接法。
2. 掌握汽车起动机不转故障的诊断与排除方法。

◎ **素质目标**
1. 规范课堂6S管理。
2. 养成团队协作的好习惯。
3. 养成独立思考问题的好习惯。

 建议完成本学习任务的时间为 **6 课时**。

 学习任务描述

　　汽车起动电路是由点火开关、起动机、熔断丝、继电器、连接导线组成,其主要工作原理是通过点火开关控制继电器的电磁线圈端(小电流)吸合接通,继而控制起动机(大电流)的转动。在大电流时,由于直接使用点接触开关很容易产生火花和烧蚀,稳定性和耐久性得不到保障,因此汽车上通常超过5A以上电流的电路都使用继电器或晶体管,通过小电流来控制大电流的方式进行控制。

 学习内容

一 资料收集

引导问题 1 汽车为何需要起动系统?

汽车发动机要以自身动力持续运转的前提是:发动机在做功行程时存储足够多的动力在飞轮上,用以完成其他三个行程的动力消耗。因此,在汽车起动前必须借助外力使飞轮达到一定转速,常温下需要达到 120r/min。常用的起动方式有人力和电力两种,人力起动简单,但不方便,劳动强度大;电力起动操作方便,迅速可靠,重复能力强,所以在现代汽车上被广泛采用,如图 3-10 所示。

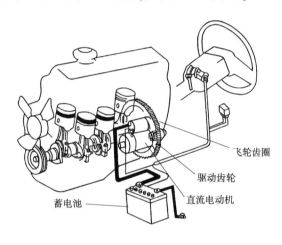

图 3-10 汽车电力起动系统

引导问题 2 点火开关与继电器如何控制用电电流巨大的起动机?

点火开关用来接通起动机控制电路并且控制全车的用电器工作。汽车的点火开关装在转向柱上,通常有 5 个挡位。起动机的起动电流非常大,通常在 100~300A,即使采用点火开关和起动继电器都难以控制。为此,汽车上设计了以较小电流(3~5A)控制起动继电器,经起动继电器进一步控制起动机的电磁开关(相当于一个大功率继电器),再通过电磁开关的大面积接触盘来控制直流电动机的通断,如图 3-11 所示,点火开关的 ST 端子控制起动继电器的线圈侧的通断。起动继电器的负载端连接到起动机电磁开关的 50 端子上,故 50 端子是否供电是受起动继电器线圈的控制。50 端子供电的通断会影响起动机电磁开关是否吸合,由于起动机上 C 端子连接到直流电动机的励磁绕组,而 C 端子是否供电又受控于电磁开关是否吸合到位(电磁开关的接触盘是否将 C 端子和蓄电池的起动电缆接上)。

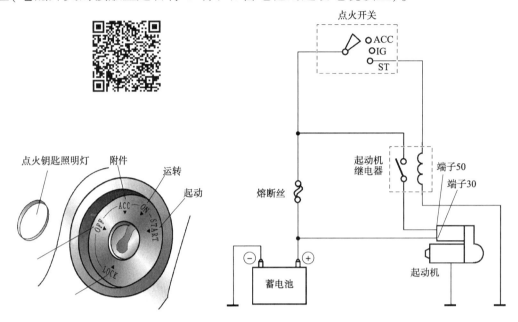

图 3-11　由点火开关与继电器联合控制的汽车起动电路

引导问题 3　起动机是简单的直流电动机吗?

起动机并非是简单的低压 12V 直流电动机,它还由电磁开关和传动机构组成。由于起动机需要带动发动机的飞轮旋转,起动机与飞轮齿圈采用齿轮传动,但其两者之间不能一直啮合,因此,起动发动机需要设计一个强力电磁阀(即电磁开关)。起动时,在电磁开关的强大吸力作用下让起动机的小齿轮快速弹出并保持在与飞轮啮合的位置,直到点火开关离开起动位。另外,起动机还有传动机构负责把直流电动机进行减速增矩,以提高转矩推动汽车行走。

引导问题 4　起动机由哪几部分组成,各部分的作用是什么?

起动机结构如图 3-12 所示,主要由直流串励式电动机、传动机构和电磁开关三部分组成。直流串励式电动机的作用是产生电磁转矩,传动机构的作用是在起动发动机时使起动机小齿轮与飞轮齿圈啮合,将起动机的转矩传递给发动机飞轮;在发动机起动后又能使起动机小齿轮自动空转或与飞轮齿圈脱离啮合,电磁开关的作用是用来接通和切断直流串励式电动机与蓄电池之间的电路。对于汽油发动机,有些起动机的电磁开关还具有在起动发动机时短路点火线圈附加电阻的作用。

项目三　电的磁效应及应用

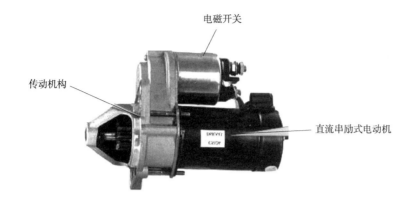

图 3-12　起动机结构

1 起动机的直流串励式电动机

直流串励式电动机是将电能转化为机械能的装置,其功用是产生发动机起动时所需要的旋转力矩,它由转子(电枢)、定子(磁极)、电刷与前后端盖组成,如图 3-13 所示。

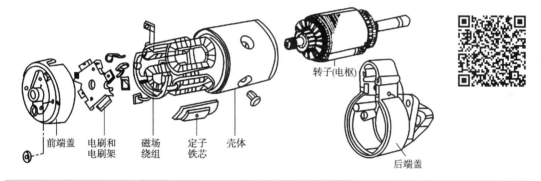

图 3-13　直流串励式电动机的结构

(1)电枢。

电枢由电枢轴、电枢绕组、换向器、铁芯等组成,如图 3-14 所示,其作用是产生电磁转矩。电枢铁芯由硅钢片叠成后固定在轴上,铁芯外围均开有线槽,用以放置电枢绕组。

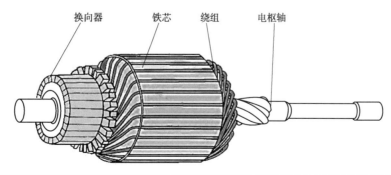

图 3-14　电枢的结构图

75

(2) 磁极。

磁极的作用是产生磁场的,由铁芯和励磁绕组构成。为增大磁场强度,大多数起动机采用4个磁极。通过螺钉将磁极铁芯固定在电动机的外壳上,磁极与磁路如图 3-15 所示,励磁绕组与电枢绕组的图 3-16 所示。

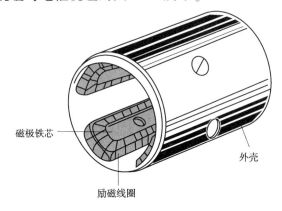

图 3-15　磁极与磁路

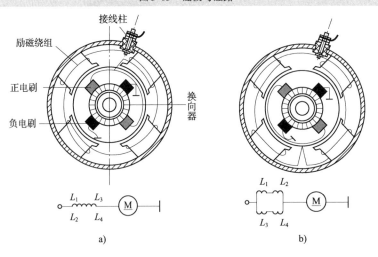

图 3-16　励磁绕组与电枢绕组

(3) 电刷与电刷架。

电刷与电刷架的作用是将电流引入电动机使电枢产生定向转矩。电刷一般是用铜和石墨粉压制而成,有利于减小电阻及增加耐磨性。电刷装在电刷架中,借弹簧压力压在换向器上,如 3-17 所示。一般电动机内装有 4 个电刷,其中 2 个电刷直接搭铁,称搭铁电刷。

2　电磁开关

电磁开关的本质是强力电磁阀,主要由吸引线圈、保持线圈、活动铁芯、接触盘等组成。电磁开关设计有三大作用,其一是利用吸引线圈产生的强大吸力与保持线圈的吸力共同将起动机的小齿轮弹出,克服多种阻力后与飞轮齿圈啮合,驱动飞轮快速旋转。其二是在小齿轮与飞轮有效啮合后,由保持线圈的吸力维持现有的啮合位置,吸引线圈由于现有位置的原因已被短路弃用以节约电能。其三由于现有位置的接触盘会将起动电缆和直流电动机接通,起到继电器的作用。具体结构和电路如图3-18所示:吸引线圈与电动机串联,保持线圈与电动机并联,直接搭铁。活动铁芯一端通过接触盘控制主电路的导通;另一端通过拨叉控制驱动齿轮的啮合。在起动机电磁开关上有3个接线柱:主接线柱30端子(接蓄电池的起动电缆线),起动接线柱50端子(接点火开关起动挡或起动继电器),直流电动机C端子(接电动机励磁绕组)。

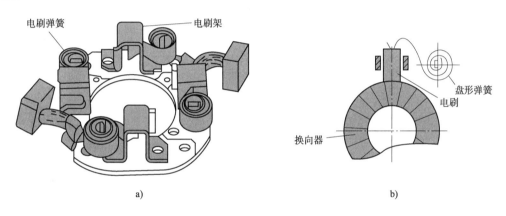

图3-17 电刷及电刷架

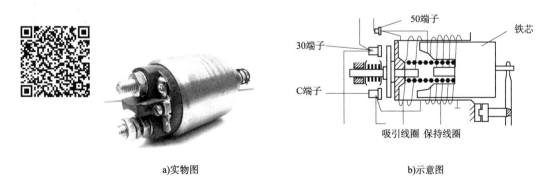

a)实物图　　　　　　　　　　　b)示意图

图3-18 电磁开关的结构和电路

3 传动机构

起动机的传动机构通常由行星齿轮减速器和单向离合器组成,减速器的作用是减速增扭,以提高推动飞轮的转矩。单向离合器的作用是,在起动时将电枢产生的电磁转矩传递给发动机飞轮;而当发动机起动后,单向离合器立刻打滑,防止发动机飞轮带动电枢高速旋转,造成电枢绕组"飞散"。

图 3-19 所示为传动机构的工作示意图,图 3-19a) 所示为起动机不工作时所处的位置;图 3-19b) 所示为在电磁开关的作用下,驱动齿轮与飞轮齿圈正在啮合,此时起动机的主电路还没有接通;图 3-19c) 所示为驱动齿轮与发动机飞轮完全啮合,主电路接通,电枢轴开始带动发动机曲轴旋转。发动机起动后,驱动齿轮与飞轮齿圈仍处于啮合状态,单向离合器打滑,驱动齿轮在飞轮的带动下空转。起动结束后,驱动齿轮在电磁开关的作用下,与发动机飞轮齿圈脱离啮合。

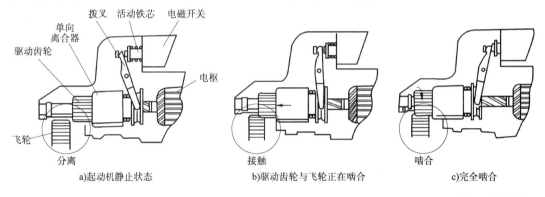

图 3-19 传动机构工作示意图

常用的滚柱式单向离合器的原理是通过改变滚柱在楔形槽中的位置来实现分离和接合的,其结构如图 3-20 所示。其工作过程如下:当起动机开始工作时,拨叉拨动传动套筒,使驱动齿轮与发动机飞轮齿圈啮合,滚柱在摩擦力矩的作用下,滚入楔形槽的窄端而被卡死,如图 3-20b) 所示,于是驱动齿轮和传动套筒为一个整体,带动飞轮起动发动机。当发动机起动后,发动机飞轮带动驱动齿轮旋转,外壳的转速高于十字块的转速,此时,滚柱滚向楔形槽的宽端而打滑,如图 3-20c) 所示。这样发动机的转矩就不能逆向传回起动机。

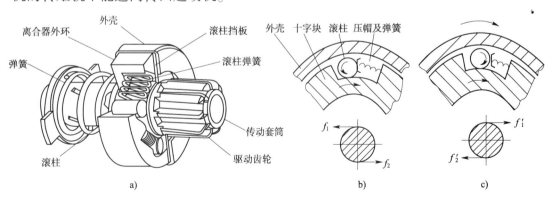

图 3-20 滚柱式单向离合器

引导问题5　汽车起动系统由哪几部分组成?

起动系统是由蓄电池、点火开关、空挡起动开关(离合器开关)、起动继电器、熔断丝、起动机等组成,如图3-21所示为丰田威驰轿车的起动系统。起动机在点火开关和起动继电器的控制下,将蓄电池的电能转化为机械能,带动发动机飞轮齿圈使曲轴转动,完成发动机的起动。请完成该电路的分析。

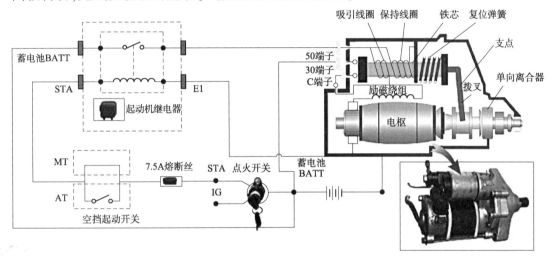

图3-21　丰田威驰轿车的起动系统电路图

引导问题6　汽车起动系统的电路工作工程

起动机的工作过程如下:

(1)起动时,将点火开关打到起动挡(ST),电磁开关的吸引线圈和保持线圈通电,产生强大的吸力,迫使电磁开关的活动铁芯移动使接触盘将30端子和C端子可靠相接,电路如图3-22所示。

此时,吸引线圈与保持线圈的电流绕向相同,磁场方向相同,活动铁芯在两个线圈磁场力的共同作用下克服复位弹簧的作用向左移动,通过拨叉使驱动齿轮与发动机飞轮啮合。当驱动齿轮与飞轮啮合后,接触盘将主接线柱1、2内侧触头接通,于是起动机的主电路接通(电流为200~600A),电路如下:

蓄电池正极→主接线柱2→接触盘→主接线柱1→励磁绕组→电刷→电枢绕组→电刷→搭铁。

这时直流电动机产生电磁转矩,通过单向离合器带动曲轴旋转,起动发动机。

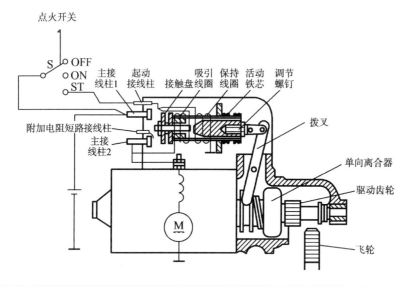

图 3-22 电磁开关的结构与工作原理

(2)发动机起动后,单向离合器打滑。

(3)松开点火开关,点火开关从起动挡(ST)回到点火挡(IG),这时从点火开关到起动接线柱之间已没有电流,吸引线圈与保持线圈的电路变为:

蓄电池正极→主接线柱2→接触盘→主接线柱1→吸引线圈→保持线圈→搭铁。

此时,由于吸引线圈与保持线圈的电流绕向相反,磁场方向相反,磁吸力相互抵消,因此,活动铁芯在复位弹簧的作用下,迅速右移,使主电路断开,驱动齿轮与飞轮脱离啮合,起动机停止工作。

在接触盘接通主电路之前,由于电流经吸引线圈到励磁绕组与电枢绕组,所以电枢产生了一个较小的电磁转矩,使驱动齿轮在缓慢旋转状态下与飞轮平稳啮合。主电路接通后,吸引线圈被短路,活动铁芯的位置由保持线圈产生的磁吸力来保持。

主电路接通的同时,接触盘将附加电阻短路接线柱接通,使点火线圈的附加电阻短接,提高点火电压。现在附加电阻已经很少采用,所以现在这个接线柱或不接线,或已经取消。

二 项目实施

1 任务布置

(1)拆装检测起动机。
(2)起动机整机性能检测。
(3)起动继电器检测。

（4）丰田 VIOS 起动电路的线路分析与检测并写出排故方案。

2 任务准备

需要准备以下器材。

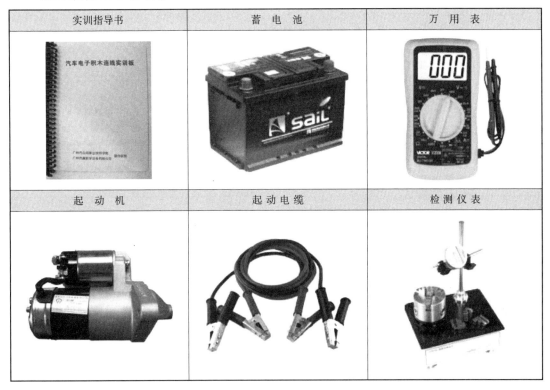

实训指导书	蓄 电 池	万 用 表
起 动 机	起 动 电 缆	检 测 仪 表

3 任务步骤

（1）拆装检测起动机。

步骤	图 示	工 作 页
1		旋出防尘盖固定螺钉，取下防尘盖，用专用钢丝钩取出电刷；拆下电枢轴上止推圈处的卡簧
2		用扳手旋出两个紧固穿心螺栓，取下前端盖，抽出电枢

81

续上表

步骤	图　示	工　作　页
3	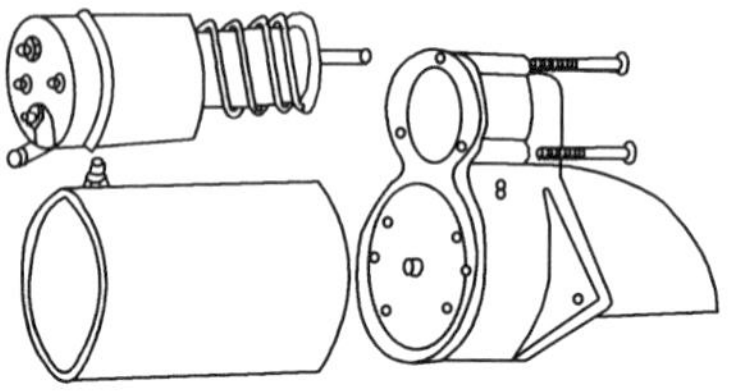	拆下电磁开关主接线柱与电动机接线柱间的导电片；旋出后端盖上的电磁开关紧固螺钉，使电磁开关后端盖与中间壳体分离
4	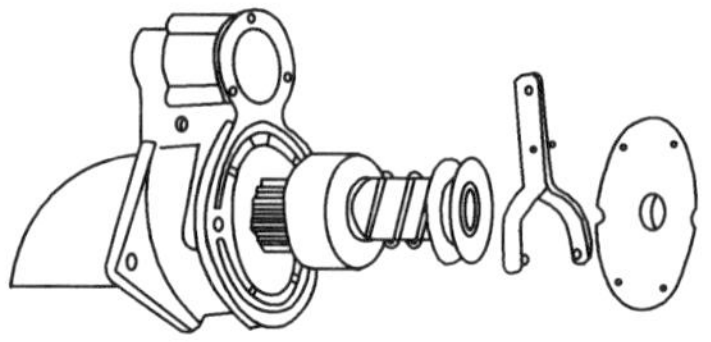	从后端盖上旋下中间支承板紧固螺钉，取下中间支承板，旋出拨叉轴销螺钉，抽出拨叉，取出离合器。将已解体的机械部分侵入清洗液中清洗，电气部分用棉纱沾少量汽油擦拭干净
5	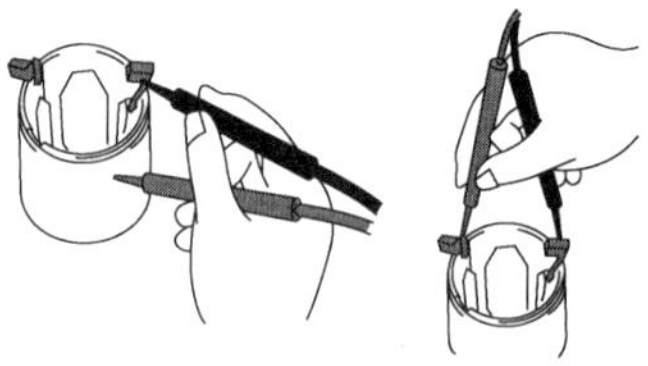	用欧姆表检查励磁绕组两电刷之间时，应导通。用欧姆表检查励磁绕组和定子外壳时，不应导通
6		换向器和电枢线圈铁芯之间不应导通
7	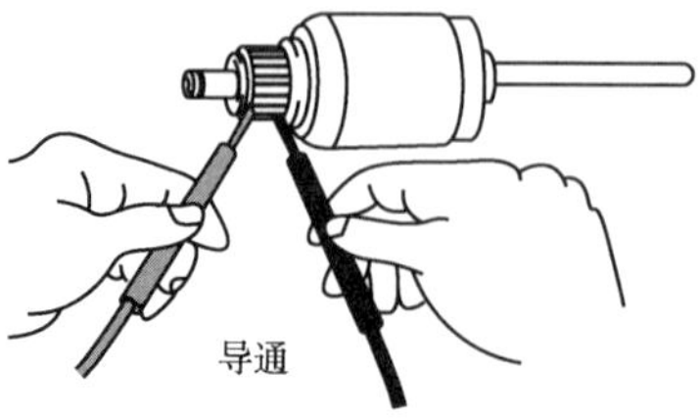	电枢绕组（即换向片与换向片间）的检查，换向片之间应导通
8	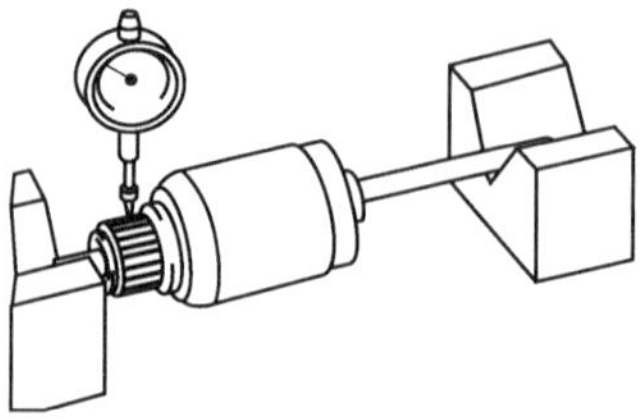	其圆度（即跳动量）不应超过0.03mm，最新的标准为0.02mm

续上表

步骤	图 示	工 作 页
9	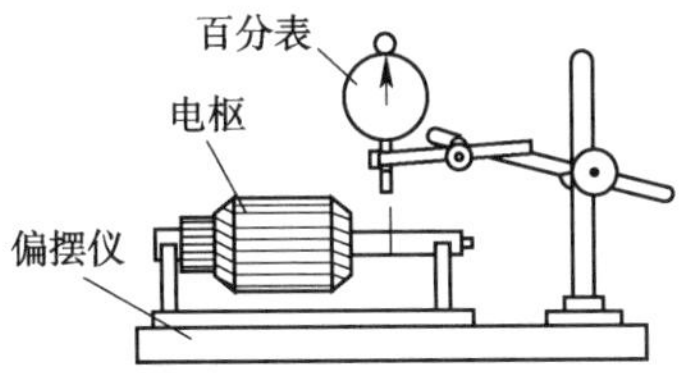	其跳动量不应大于0.08mm,否则应进行校正或更换电枢
10	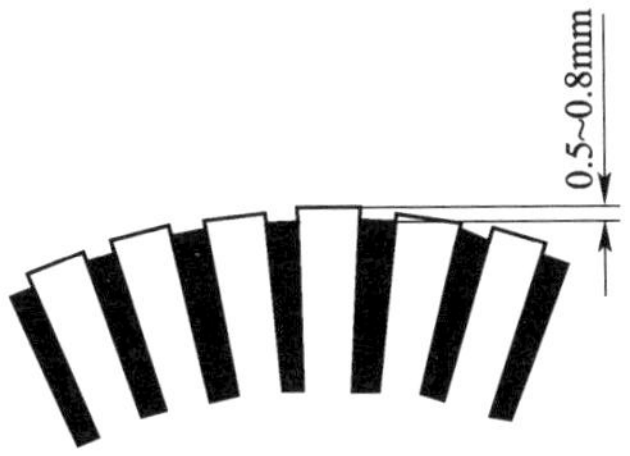	换向片应洁净,无异物。绝缘片的深度为0.5~0.8mm,深度不够应使用锉刀进行修整
11	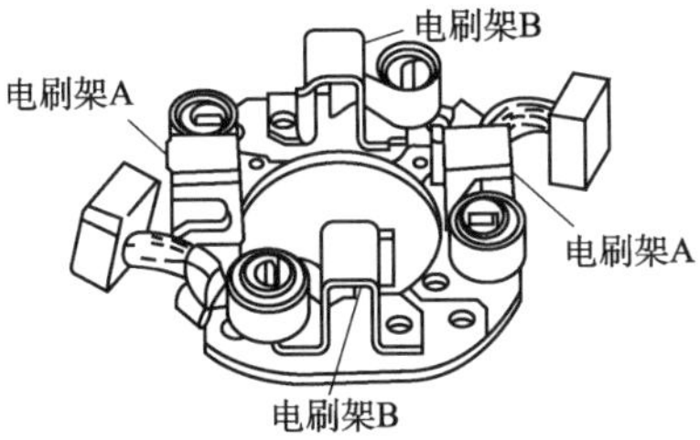	检查"＋"电刷架A和"－"电刷架B之间不应导通,若导通应进行电刷架总成的更换

(2)起动机整机性能检测。

步骤	图 示	工 作 页
1	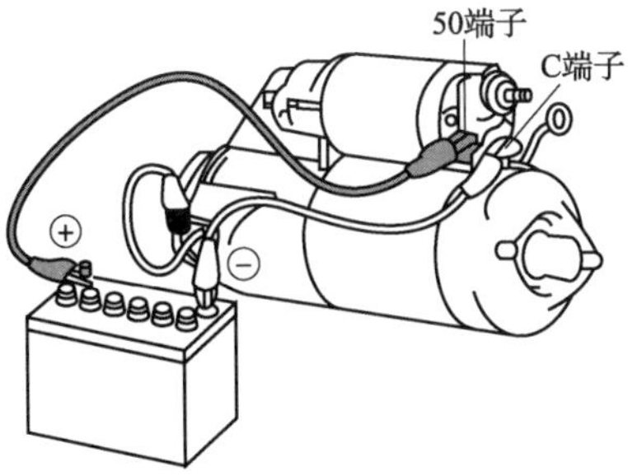	吸引线圈性能测试: (1)先把励磁线圈的引线断开; (2)按图所示的方法连接蓄电池与电磁起动开关。 注:驱动齿轮应能伸出,否则表明其功能不正常
2	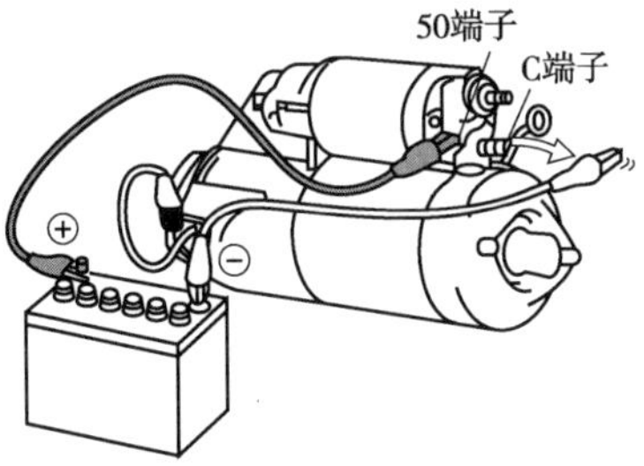	保持线圈性能测试: 按照图示接线方法,在驱动齿轮移出之后从端子C上拆下导线。 注:驱动齿轮仍能保留在伸出位置,否则表明保持线圈损坏或接地不正确

续上表

步骤	图示	工作页
3	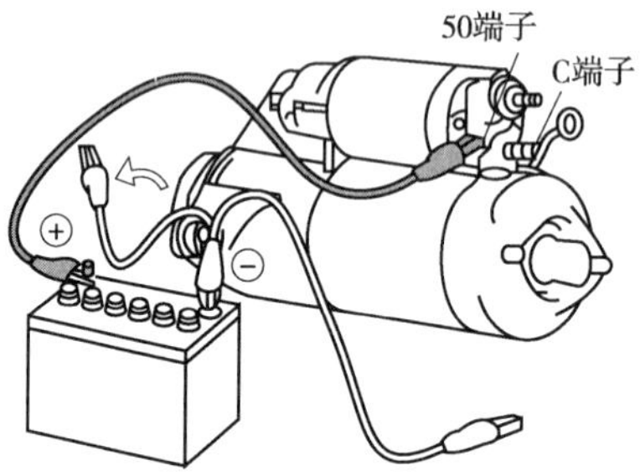	驱动齿轮复位试验： 按照图中接线，起动机运转后拆下蓄电池负极接外壳的接线夹。 注：驱动齿轮能迅速返回原始位置即为正常
4	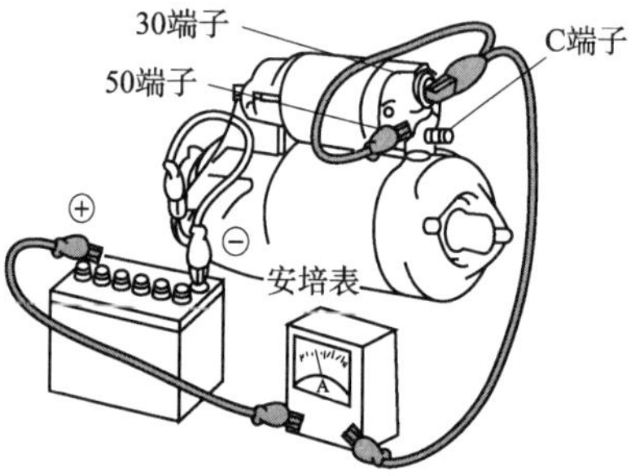	空载试验： (1)固定起动机； (2)按着图示的方法连接导线； (3)检查起动机应该平稳运转，同时驱动齿轮应移出； (4)读取安培表的数值，应符合标准值； (5)断开50端子后，起动机应立即停止转动，同时驱动齿轮缩回

(3)起动继电器检测。

步骤	图示	工作页
1	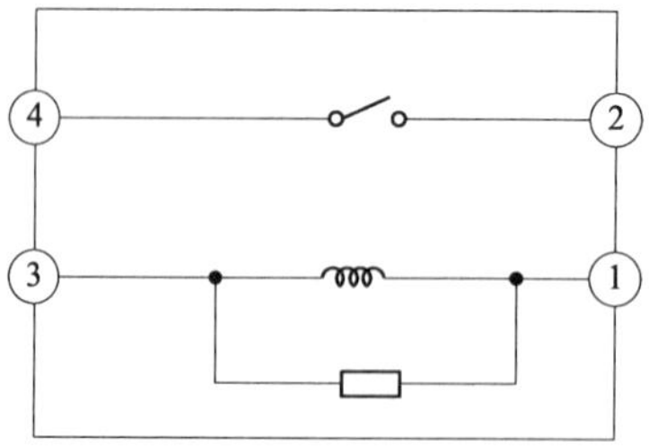	依据起动继电器内部电路检测各个端子
2	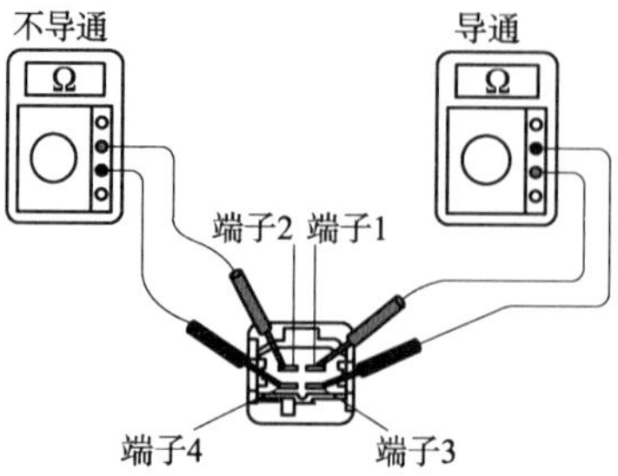	直接检测起动继电器端子： 1、3端子导通，电阻小于50Ω，否则线圈烧断； 2、4端子正常情况不导通，否则为触点烧结

续上表

步骤	图 示	工 作 页
3	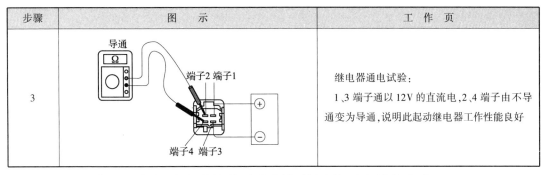	继电器通电试验： 1、3端子通以12V的直流电,2、4端子由不导通变为导通,说明此起动继电器工作性能良好

(4)丰田威驰轿车起动电路的线路分析与检测并写出排故方案。

①进行线路分析。

丰田威驰轿车起动系统电路参阅图3-21,线路分析如下。

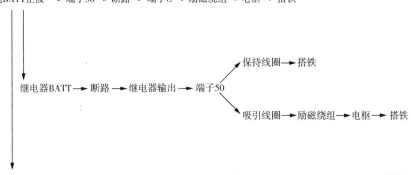

注：1.点火开关只有在ST位,继电器才工作通路,直流电机主电路端子30变通路。

2.吸引线圈的搭铁是通过直流电动机的励磁绕组和电枢。由于此时电动机通过的电流较小,磁力转矩不够不能转动。

3.吸引线圈的搭铁虽通过电动机的线圈,但由于其阻值小,对吸引线圈的吸力影响不大。

②按照检测项目顺序完成汽车起动不着故障(起动机不转)的排故方案。

汽车电工电子基础(第二版)

三 检查控制

检查项目	结果或数据	检查项目	结果或数据	检查项目	结果或数据
连线是否规范		是否认真观察实训现象		是否单独完成工作页	
是否出现异常现象		测量数据是否准确		是否严格执行6S管理	

四 评价反馈

1 自我评价

在知识与技能方面的收获	掌握的程度		
	牢固掌握	基本掌握	模糊不清
能够说明直流电动机的结构及工作原理			
能够说明直流电动机的转向控制方法			
能够分析汽车门窗玻璃升降控制电路			
能够连接模拟汽车车窗玻璃升降积木电路并调试			
希望自我改进的地方		希望老师改进的地方	
实训小组学生：		完成时间：　　年　月　日	

2 小组和教师对本学习任务进行评价

考核项目	评分标准	分数	学生自评（权重20%）	小组互评（权重60%）	教师评价（权重20%）	小计
团队合作	是否协调信任	5				
活动参与	是否积极主动	5				
安全实训	有无安全隐患	10				
现场6S	是否做到	10				
任务方案	是否正确、合理	5				
实训过程	是否独立完成实训；工作页完成情况	40				
任务完成情况	是否圆满完成	5				
工具和设备使用	是否规范、标准	10				
问答	是否能够回答正确	5				

项目三 电的磁效应及应用

学习任务四 高压线圈点火实验

学习目标

◎ **知识目标**
1. 变压器的作用及工作原理。
2. 汽车高压点火电路工作原理。

◎ **技能目标**
1. 会利用汽车点火线圈搭接基本点火电路,并进行高压放电实验。
2. 会检查和排除基本点火电路的故障。

◎ **素养目标**
1. 规范课堂6S管理。
2. 养成团队协作的好习惯。
3. 养成独立思考问题的好习惯。

建议完成本学习任务的时间为4课时。

学习任务描述

汽油发动机做功是通过控制点火线圈一次电流的通断,使二次线圈产生高压电接入火花塞跳火点燃可燃混合气来实现的。点火系统不能产生高压火花,请进行电路检查和故障排除。

学习内容

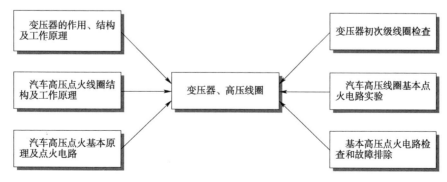

一 资料收集

引导问题1 汽车点火系有何作用？

汽车点火系统是点燃式发动机为了正常工作，按照各缸点火次序，定时地供给火花塞以足够高能量的高压电(15000～30000V)，使火花塞产生足够强的火花，点燃可燃混合气，如图3-23所示。

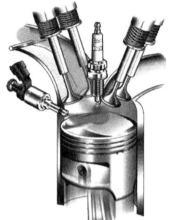

图3-23 汽油机高压电火花点火

引导问题2 汽车点火系火花是怎样产生的？

汽油发动机汽油与空气混合气的燃烧是通过高压放电产生的火花点燃的。汽车使用的是12V的低压直流电，要得到可靠的高压电火花就必须产生高于20000V的高电压，如图3-24所示。高压电是通过点火线圈产生的，点火线圈的本质上是一个升压变压器。然而，我们知道直流电是不能通过变压器连续变压的(请查阅资料)，发动机点火高压实际上是在断开高压线圈初级电流的一瞬间产生的，断开初级电流，磁场快速减小，次级线圈感应出高压。

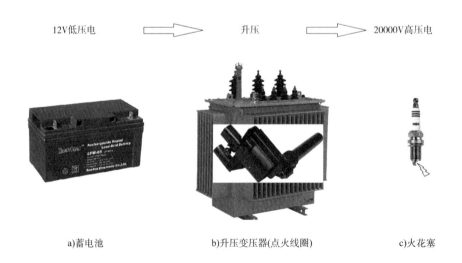

12V低压电 ⇒ 升压 ⇒ 20000V高压电

a) 蓄电池　　　　b) 升压变压器(点火线圈)　　　　c) 火花塞

图3-24 点火系火花产生原理

项目三 电的磁效应及应用

引导问题3 ▶ 变压器原理和结构什么？

变压器(Transformer)是利用电磁感应的原理来改变交流电压的装置，主要构件是初级线圈、次级线圈和铁芯(磁芯)。变压器主要应用电磁感应原理来工作。

如图3-25所示，当变压器一次侧施加交流电压 U_1，流过一次绕组的电流为 i_1，则该电流在铁芯中会产生交变磁通，使一次绕组和二次绕组发生电磁联系，根据电磁感应原理，交变磁通穿过这两个绕组就会感应出电动势，其大小与绕组匝数的关系符合 $U_1/U_2 = n_1/n_2$，绕组匝数多的一侧电压高，绕组匝数少的一侧电压低。

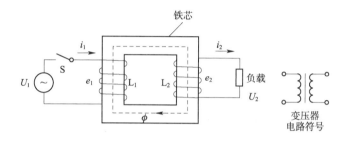

图3-25 变压器工作原理及电路符号

变压器的铁芯是用薄硅钢片叠压而成的，这样做的目的是为了增大铁芯中的电阻，减小铁芯中的电涡流，减小铁芯发热，提高变压器的效率。

引导问题4 ▶ 点火系统点火原理是怎样的？

我们知道，点火系统需要产生高压电连接至火花塞击穿间隙生成电火花来点燃可燃混合气的。那么高压电是怎样产生的呢？汽车用的电源是低压直流电12V或24V，远远不够击穿间隙所需的高压电，所以点火系统需要一种电压转换元件，把低压低能的直流电压转变成高电压。根据所学知识，我们知道变压器具有电压转换功能，所以汽车点火系统都是应用控制变压器一次绕组电流的通断，使二次绕组感应出高压电原理来实现点火功能的。在汽车上我们通常把变压器称作点火线圈，是整个点火系统的核心部件。图3-26是一种开磁路点火线

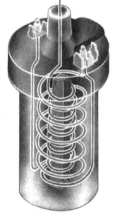

图3-26 开磁路点火线圈

圈。下面我们来简要分析下几种点火电路的工作原理和特点。

图 3-27 所示为汽车高压点火电路的基本原理,点火开关代表汽车钥匙开关,用于控制整个点火系统通电,点火开关控制初级线圈通断。合上点火开关,高压线圈初、次级都接通了电池正极,但都不能形成回路。当合上控制开关时,初级线圈导通,在铁芯中产生较强的磁场,然后快速断开控制开关,磁场迅速减小,产生磁通变化,就会在次级线圈中感应出高于 20000V 的电压。此时次级线圈相当于一个高压电源,经过点火开关蓄电池形成回路,高压电集中在火花塞间隙处,便击穿空气形成电火花。图中虚线表示实际高压线圈和火花塞的接线方法。由于断开初级电路的一瞬间,控制开关出现的火花会减慢磁场消失的速度,导致次级感应的高压减小,所以实际应用中会在控制开关两端并联一个电容消除火花。

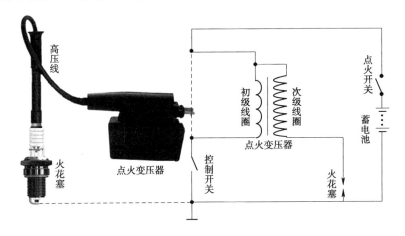

图 3-27 汽车高压点火电路基本原理图

电控发动机采用发动机电脑控制点火,图 3-27 中的控制开关被点火模块取代,但控制初级线圈通断的作用没变,如图 3-28 所示。

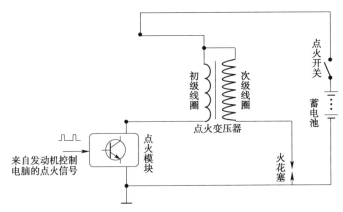

图 3-28 发动机电控点火基本原理

项目三 电的磁效应及应用

一、实施项目

1 任务布置

(1)变压器的测量。

(2)汽车高压点火电路基本原理实验。

2 任务准备

需要准备以下器材。

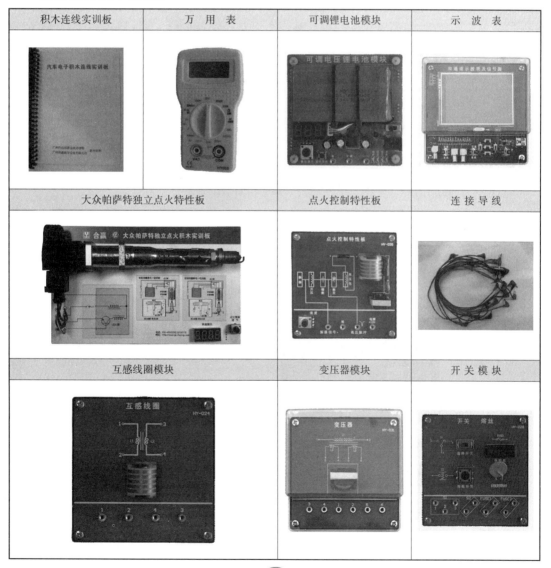

积木连线实训板	万 用 表	可调锂电池模块	示 波 表
大众帕萨特独立点火特性板		点火控制特性板	连 接 导 线
互感线圈模块		变压器模块	开 关 模 块

续上表

点火线圈	火花塞
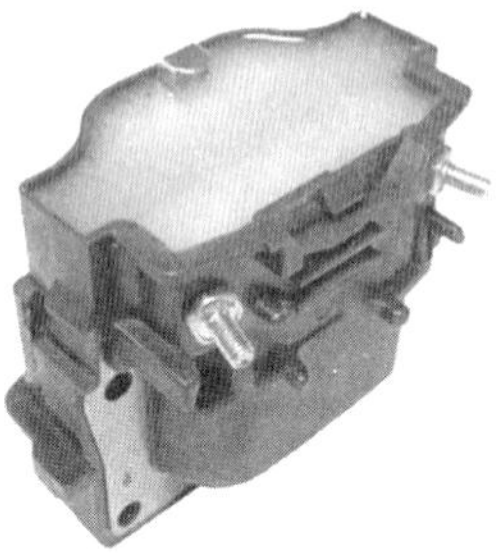 或者  	
点火电容(可选)	高压线

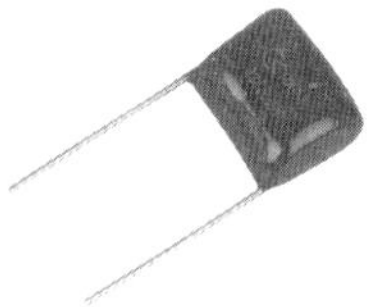

3 任务步骤

(1)变压器的测量。

步骤	图 示	工 作 页
1	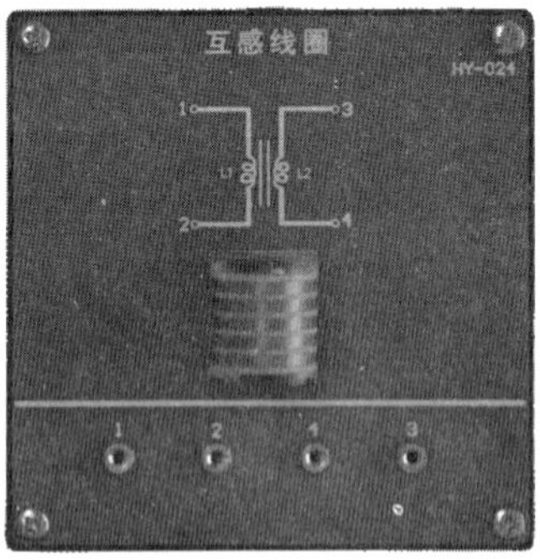	识读积木板原理图,互感线圈分一次绕组和二次绕组,通常一次绕组通电,二次绕组感应出电压
2	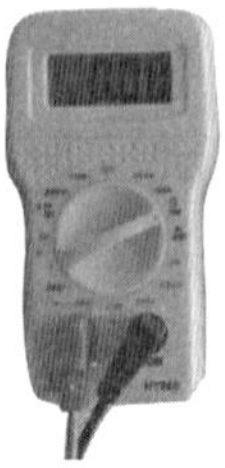 	用万用表欧姆挡测量一次绕组阻值为_____,若阻值无穷大说明_____

续上表

步骤	图 示	工 作 页
3	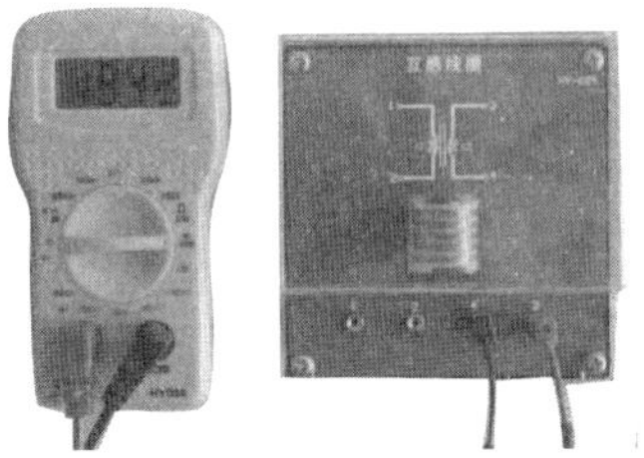	用万用表欧姆挡测量二次绕组阻值为_____,若阻值无穷大说明_____
4	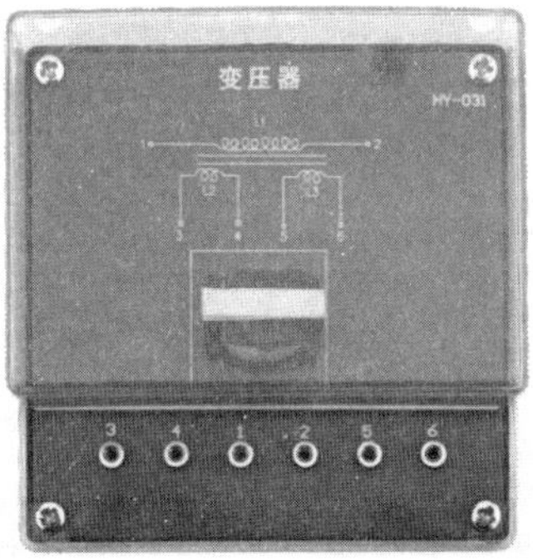	识读积木板原理图,变压器分一次绕组和两个二次绕组,通常一次绕组通电,二次绕组感应出电压
5	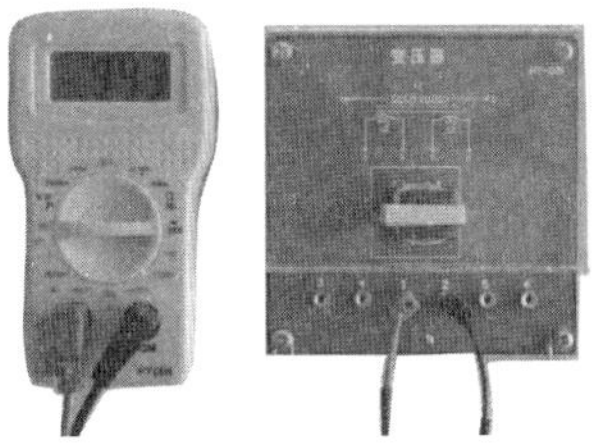	用万用表欧姆挡测量一次绕组阻值为_____
6	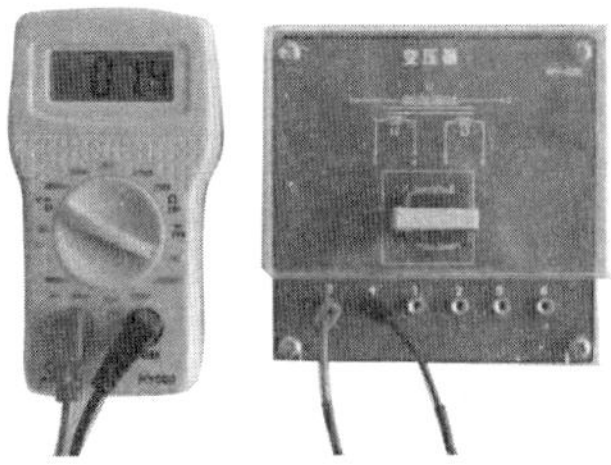	用万用表欧姆挡测量二次绕组3、4端阻值为_____
7	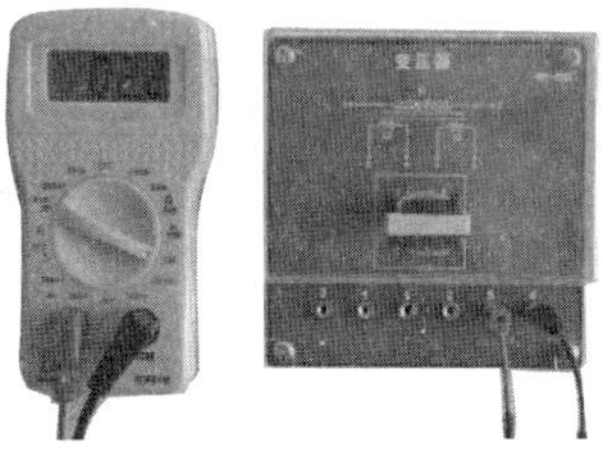	用万用表欧姆挡测量二次绕组5、6端阻值为_____,通过以上测量,你能判别变压器是属于_____(填"升压"、"降压"),为什么?_____

（2）汽车高压点火电路基本原理实验。

步骤	图示及工作页
1	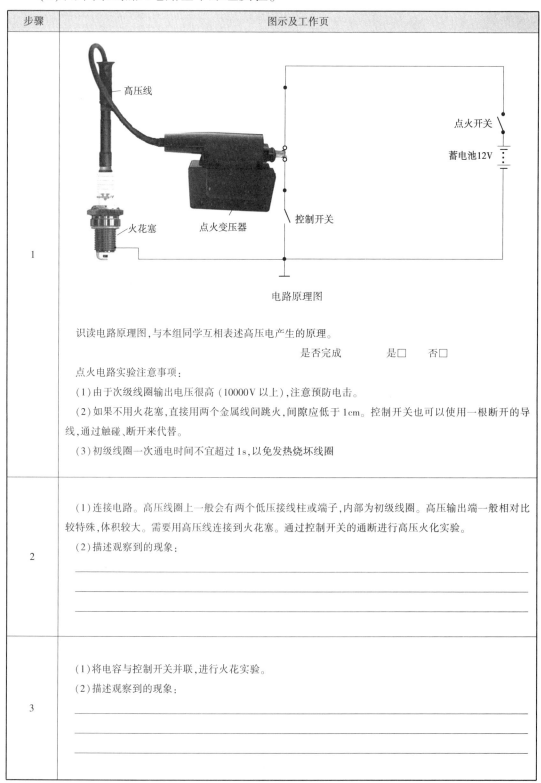电路原理图 识读电路原理图，与本组同学互相表述高压电产生的原理。 　　　　　　　　　　　　　　　　是否完成　　　是□　　否□ 点火电路实验注意事项： (1) 由于次级线圈输出电压很高（10000V以上），注意预防电击。 (2) 如果不用火花塞，直接用两个金属线间跳火，间隙应低于1cm。控制开关也可以使用一根断开的导线，通过触碰、断开来代替。 (3) 初级线圈一次通电时间不宜超过1s，以免发热烧坏线圈
2	(1) 连接电路。高压线圈上一般会有两个低压接线柱或端子，内部为初级线圈。高压输出端一般相对比较特殊，体积较大。需要用高压线连接到火花塞。通过控制开关的通断进行高压火化实验。 (2) 描述观察到的现象： _____ _____ _____
3	(1) 将电容与控制开关并联，进行火花实验。 (2) 描述观察到的现象： _____ _____ _____

项目三 电的磁效应及应用

续上表

步骤	图示及工作页
4	高压点火电路实验学习总结：

三 检查控制

检查项目	结果或数据	检查项目	结果或数据	检查项目	结果或数据
连线是否规范		是否认真观察实训现象		是否单独完成工作页	
是否出现异常现象		测量数据是否准确		是否严格执行6S管理	

四 评价反馈

1 自我评价

在知识与技能方面的收获：	掌握的程度		
	牢固掌握	基本掌握	模糊不清
能够说明汽油发动机点火电路的作用			
能描述变压器工作原理			
能检测点火线圈			
能够分析基本高压点火电路的工作原理			
能独自连接基本点火电路，并进行点火实验			
希望自我改进的地方	希望老师改进的地方		
实训小组学生：		完成时间： 年 月 日	

2 小组和教师对本学习任务进行评价

考核项目	评分标准	分数	学生自评（权重20%）	小组互评（权重60%）	教师评价（权重20%）	小计
团队合作	是否协调信任	5				
活动参与	是否积极主动	5				
安全实训	有无安全隐患	10				
现场6S	是否做到	10				
任务方案	是否正确、合理	5				
实训过程	是否独立完成实训；工作页完成情况	40				
任务完成情况	是否圆满完成	5				
工具和设备使用	是否规范、标准	10				
问答	是否能够回答正确	5				
实训设备	是否完好	5				
总　　分		100				
教师签名：			年　　月　　日		得分	

项目四 汽车交直流电路

 项目描述

直接可用的直流电源通常是由蓄电池提供的,但汽车蓄电池需要对其及时充电,以保持电量。一般汽车用主电源都是由发电机提供的,但汽车发电机产生的是交流电,需要对其进行交直流变换。本项目从认识正弦交流电特征开始,进一步引导同学们对交直流的变换过程做深入浅出的讲解及相关电路实训。

学习任务一 三相交流发电机波形认知

学习目标

◎ **知识目标**
1. 理解正弦交流电的特点。
2. 了解正弦交流电的相关参数。
3. 了解数字示波器的工作原理。

◎ **技能目标**
1. 掌握波形电压和周期的识别。
2. 初步掌握数字示波器的使用。
3. 熟练掌握数字万用表的使用。

◎ **素质目标**
1. 规范实训6S管理。
2. 养成团队协作的好习惯。
3. 养成独立思考问题的好习惯。

 建议完成本学习任务的时间为 **4 课时**。

 学习任务描述

正弦交流电是最常见的交流电,它产生比较简单,规律性强,世界工业广泛采用这种交流电的形式。汽车发电机产生的也是正弦交流电。一台汽车发电机要进行波形检测,需要你用示波表测量波形情况。

 学习内容

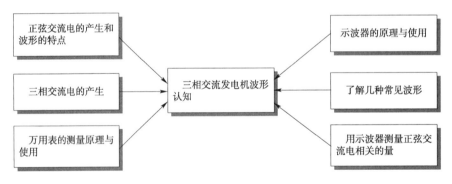

一 资料收集

引导问题1 什么是正弦交流电?

所谓正弦交流电,是指大小和方向都随时间按正弦规律作周期性变化的电流、电压或电动势,简称交流电,波形如图 4-1 所示,其数学表达式为:

$$u = U_m \sin(\omega t + \psi_u)$$
$$i = I_m \sin(\omega t + \psi_i)$$

$$e = E_m \sin(\omega t + \psi_e)$$

式中：U_m、I_m、E_m——电压、电流、电动势的幅值；
　　　ω——角频率；
　　　t——时间；
　　　ψ_u、ψ_i、ψ_e——电压、电流、电动势的初相位。

引导问题2 什么是正弦交流电的三要素？

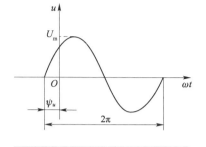

图4-1 正弦交流电波形图

1 幅值

上式中，I_m、U_m、E_m 分别称作正弦电流、电压、电动势的幅值（又称做峰值或最大值），它们反映了正弦量振荡的幅度。

有效值指与交流电热效应相同的直流电数值，热效应相同的直流电流 I 称之为交流电流 i 的有效值，有效值可以确切地反映交流电的做功能力。有效值用大写字母 I、U 表示。理论和实际都可以证明：

$$U = \frac{U_m}{\sqrt{2}} = 0.707 U_m$$

$$I = \frac{I_m}{\sqrt{2}} = 0.707 I_m$$

我们实际上用仪表测量交流电的数值约等于有效值。

2 周期、频率、角频率

（1）周期：正弦交流电完成一次循环变化所用的时间，用字母 T 表示，单位为秒（s）。

（2）频率：正弦量在单位时间内作周期性循环变化的次数，用字母 f 表示，单位为赫兹（Hz）。

（3）角频率：表示单位时间内正弦量变化的弧度数，用字母 ω 表示，单位为弧度/秒（rad/s）。

频率与周期的关系：

$$f = \frac{1}{T}$$

角频率与周期及频率的关系：

$$\omega = \frac{2\pi}{T} = 2\pi f$$

3 正弦交流电的相位、初相位和相位差

（1）相位：正弦量解析式中随时间变化的电角度（$\omega t + \psi$）。
（2）初相位：$t = 0$ 时的相位 ψ，它确定了正弦量计时始的位置。
（3）相位差：两个同频率正弦量之间的相位之差。u、i 的相位差为：

$$\varphi = (\omega t + \psi_u) - (\omega t + \psi_i) = \psi_u - \psi_i$$

引导问题3　什么是三相交流电？三相交流发电机的结构是怎样的？

三相交流电是由三个频率相同、电势振幅相等、相位差互差120°角的交流电路组成的电力系统。目前，我国生产、配送的都是三相交流电，汽车发电机产生的也是三相交流电。

三相正弦交流电一般由三相交流发电机产生，发电原理如图4-2a)所示。发电机主要由定子和转子两部分构成。定子包括机座、定子铁芯、电枢绕组等几部分。定子铁芯固定在机座里，其内圆表面冲有均匀分布的槽。定子槽内对称嵌放着参数相同的三组绕组，每组 N 匝（图中以 1 匝示意）称为一相，于是有三相对称绕组，每相的始末端分别用 U_1、U_2、V_1、V_2、W_1、W_2 标示。图4-2b)是一相绕组结构示意图。图4-2c)所示为每相绕组电路模型。各相绕组的始端 U_1、V_1、W_1（末端 U_2、V_2、W_2）彼此间隔120°。这样三相绕组的法线方向也互成120°角（线圈绕组的法线与输出电流正方向成右螺旋关系），如图4-2a)中所示。发电机转子铁芯上绕有励磁线圈或是永磁铁（励磁就是向发电机转子提供转子电源的装置），可产生磁通，这就形成一个可转动的磁极 S-N，其磁通经定子铁芯闭合。转子由原动机驱动，按顺时针方向以 ω 角速度匀速旋转。可产生相位相差120°的交流电压，如图4-3所示。

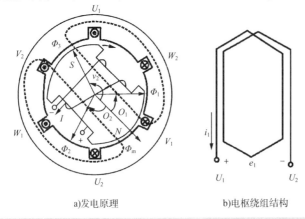
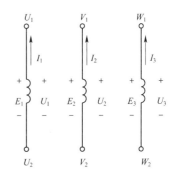

a)发电原理　　b)电枢绕组结构　　c)三相绕组电路模型

图4-2　三相交流发电机原理

项目四 汽车交直流电路

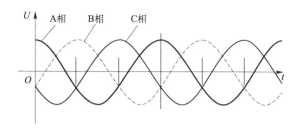

图 4-3 三相对称电动势

引导问题 4 其他常见的波形有哪些?

除了正弦交流电外,还有几种常见的波形,如图 4-4 所示。

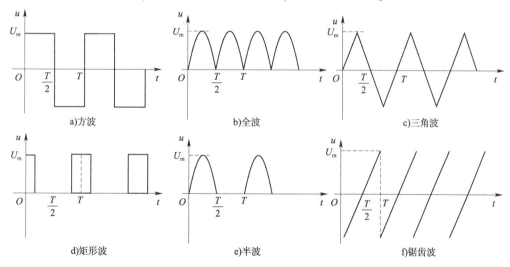

图 4-4 其他常见的波形

引导问题 5 什么是示波器?

图 4-5 所示为汽车诊断专用示波器。

示波器是一种用途十分广泛的电子测量仪器。它能把肉眼看不见的电信号变换成看得见的图像,便于人们研究各种电现象的变化过程。利用示波器能观察各种不同信号幅度随时间变化的波形曲线,可以用它测试各种不同的电量,如电压、电流、频率、相位差、调幅度等。

我们实训用的电子积木配套一个双通道小型示波表,如图 4-6 所示,可用于观察较低电压(200V)和较低频率(200kHz)的信号,双通道相互独立。内置1200mAh锂电池,充足电的情况下,可使用5h。

图4-5 汽车诊断专用示波器

图4-6 电子积木双通道示波表

引导问题6　电子积木配套示波表使用说明有哪些内容?

存储深度:4k点×2,X轴显示12格,共240点。

电源开关:在右下角,向上拨动为接通电源。

(1) Mini USB插孔:用于给示波表充电,连接一条随机线到电脑USB口或者5V电源适配器,即可对示波表充电,在充电状态,充电指示灯亮,充足时,充电指示灯熄灭,完全充电时间只需4h。

(2) 信号输入座:双通道的信号输入,需要连接屏蔽线到被测信号。交/直流切换选择开关:每路输入座旁边有一个小开关用于切换交流/直流耦合方式。小开关拨上为交流耦合方式,被测信号会首先通过小电容隔去其直流成分。

(3) 信号输出座:用于连接屏蔽线,对外输出1~100kHz的矩形波信号,占空比可调0~100%。

(4) 演示信号输出:提供一路三角波及一路矩形波,在示波表左下方的两个小焊盘。上边为三角波,下边为方波,可用于测试示波表是否正常工作。示波表液晶显示界面如图4-7所示。

(5) 中央按键:长按进入设置,再次长按退出设置,在设置状态,被设置项目反白显示。

(6) 右按键:用于选择设置项。

(7) 上下按键:用于对设置项进行加/减。

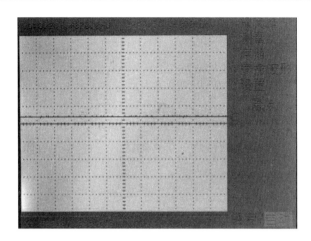

图4-7 示波表液晶显示界面

(8)示波表界面:波形窗口红色曲线是通道1的波形;蓝色曲线是通道2的波形。

Y1 指示通道1的垂直灵敏度及偏移。

Y2 指示通道2的垂直灵敏度及位移。

X 指示扫描速度及水平位移。

(9)→CH1:指示触发电平。触发:自动指示触发模式,有3个选择自动/正常/单次。

(10)放大×1:被测波形局部放大、缩小。

(11)×××Hz:输出信号的频率选择。

(12)×××%:输出信号的占空比选择。

引导问题7 如何使用小型示波表测试信号?

(1)探头连接线红色连接头为测量信号,黑色连接头为接地。测量之前,若未知被测信号特征,请将触发模式设置为自动触发,此时示波表将自动产生扫描线,便于快速地寻找到信号的幅值范围,便于设置触发电平,以获得稳定的显示。

(2)调节被测通道的垂直灵敏度,使信号幅值范围落在显示区域内,电子积木配套示波表的可调范围是20mV/格~20V/格之间。若被测信号既有交流成分,又有直流成分,而想显示其交流成分时,可以将信号耦合方式改为交流耦合,相当于在被测信号上串联一个隔直电容。若信号有小部分超出了屏幕范围,则可以调节垂直位移进行上下移动。

(3)根据信号的频率范围,选择合适的扫描速度(时基)。

(4)此时波形显示可能仍然不太稳定,或者左右滑动。是因为每次扫描的起点与被测信号不同步,此时需要调节触发电平,使扫描在波形的相同电平处开始扫描,注意,触发电平设置只对通道1有效。

二 实施作业

1 任务布置

（1）示波表的使用。
（2）正弦交流电波形测试。

2 任务准备

需要准备以下器材。

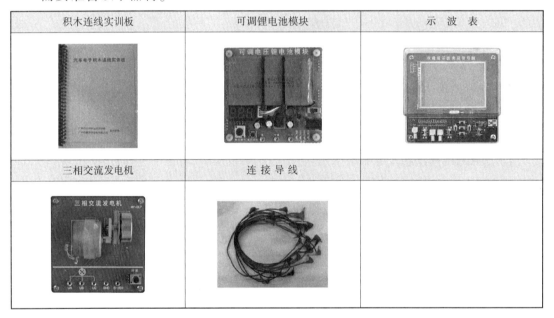

积木连线实训板	可调锂电池模块	示 波 表
三相交流发电机	连 接 导 线	

3 任务步骤

（1）示波表的使用。

步骤	图 示	工 作 页
1		用示波表测量三角波：用探头连接好示波表通道1，红色连接头为输入，黑色连接头为搭铁。打开示波表电源，屏幕应出现两条直线，红线为通道1波形线，蓝色为通道2波形线，左下端有两路波形测试输出，一路方波和一路三角波，先用红色连接头连接三角波输出测试点，选择交流耦合，观察波形

续上表

步骤	图 示	工 作 页
2		三角波波形应出现如左图所示,若不清晰,进入调节选项分别调节电压幅度、垂直位移和扫描时间(时基),波形占空比和频率同样可以在示波表参数设置里面调节,定格波形选择触发方式为单次。读出定格三角波的周期、频率及电压幅度。 幅值:_____ 周期:_____ 频率:_____
3		按照测试三角波的方法测量方波
4		按照测试三角波的方法设置示波表参数。读出定格方波的周期、频率及电压幅度。 幅值:_____ 周期:_____ 频率:_____

（2）正弦交流电波形测试。

步骤	图 示	工 作 页
1		用连接导线按照积木连接示意图连接成完整电路,注意连接前先关闭电源开关

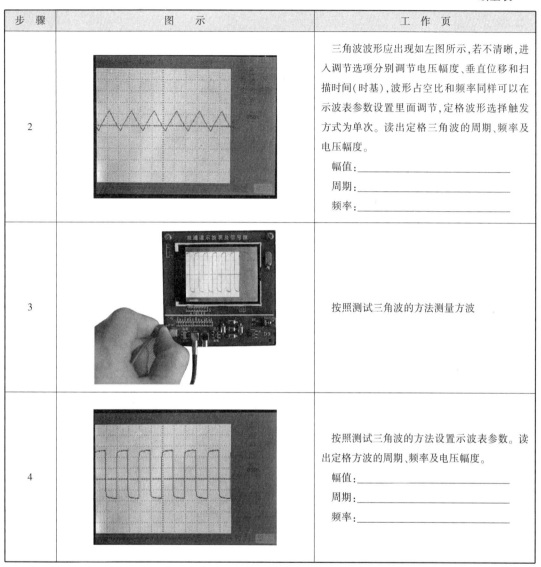

续上表

步骤	图 示	工 作 页
2	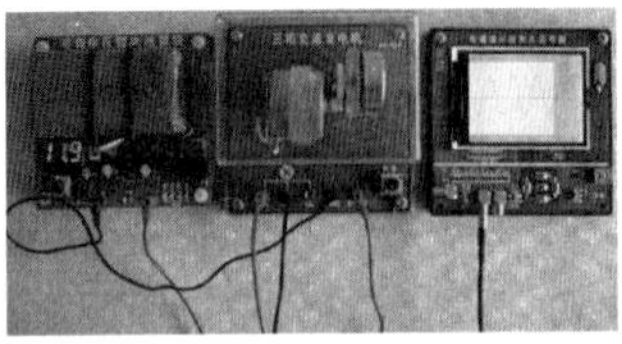	检查无误后接通电源,打开示波表电源,选择耦合方式为交流耦合,进入示波表参数选择模式调整适当参数
3	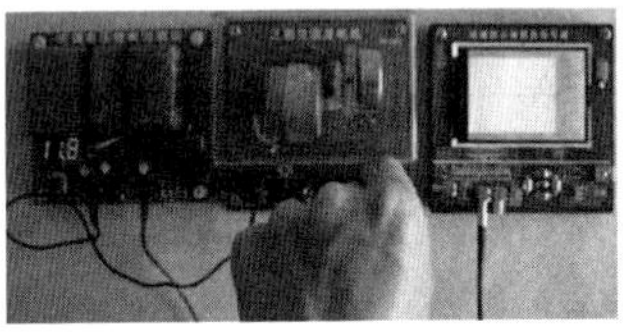	调节三相交流发电机电动机转速调节电位器,观察波形
4	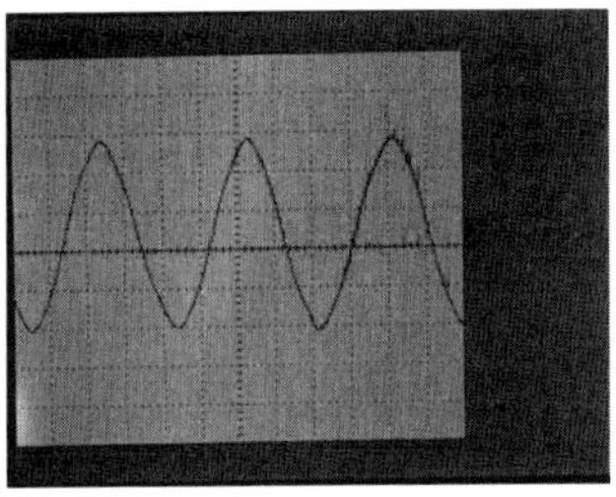	发电机输出的是_____,固定一个转速,调节示波表参数,此时波形的幅值为_____,周期为_____,频率为_____;电动机转速与幅值和频率有何关系?_____
5	描绘正弦交流电波形并标注相关参量。 描绘波形 幅值:_____ 周期:_____ 频率:_____	

项目四　汽车交直流电路

三　检查控制

检查项目	结果或数据	检查项目	结果或数据	检查项目	结果或数据
连线是否规范		是否认真观察实训现象		是否单独完成工作页	
是否出现异常现象		测量数据是否准确		是否严格执行6S管理	

四　评价与反馈

1 自我评价

在知识与技能方面的收获	掌握的程度		
	牢固掌握	基本掌握	模糊不清
能够说明正弦交流电的波形特点			
能够说明正弦交流电的三个要素			
能够说明三相交流电的波形特点			
能够熟练应用万用表综合测量方法			
能够说明示波表测量波形原理			
能够掌握电子积木专用示波表的使用与测量方法			
能够用示波表测量发电机输出的正弦交流电波形,并能分析参数,如周期、幅值			
希望自我改进的地方		希望教师改进的地方	
实训小组学生:		完成时间:　　　年　　月　　日			

2 小组和教师对本学习任务进行评价

考核项目	评分标准	分数	学生自评（权重20%）	小组互评（权重60%）	教师评价（权重20%）	小计
团队合作	是否协调信任	5				
活动参与	是否积极主动	5				
安全实训	有无安全隐患	10				
现场6S	是否做到	10				

续上表

考核项目	评分标准	分数	学生自评（权重20%）	小组互评（权重60%）	教师评价（权重20%）	小计
任务方案	是否正确、合理	5				
实训过程	是否独立完成实训；工作页完成情况	40				
任务完成情况	是否圆满完成	5				
工具和设备使用	是否规范、标准	10				
问答	是否能够正确回答	5				
实训设备	是否完好	5				
总　　分		100				
教师签名：			年　月　日		得分	

学习任务二　二极管整流电路

学习目标

◎ 知识目标
1. 理解二极管的特性曲线。
2. 理解正弦交流电整流的原理。
3. 理解整流电路波形变换过程。

◎ 技能目标
1. 掌握二极管好坏的检测。
2. 掌握二极管基本电路的分析。
3. 初步掌握各种二极管整流电路的分析和故障排除。

◎ 素质目标
1. 规范实训6S管理。
2. 养成团队协作的好习惯。
3. 养成独立思考问题的好习惯。

项目四 汽车交直流电路

 建议完成本学习任务的时间为 10 课时。

 学习任务描述

二极管是最常用的半导体元件之一,它具有单向导电性。二极管整流电路是应用二极管的单向导电性,把交流电转变成直流电的过程。常见的整流电路有单相半波整流、单相桥式整流和三相桥式整流。一台汽车发电机整流桥坏了一个整流二极管,请你检测并更换。

 学习内容

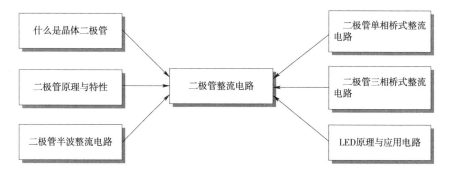

 资料收集

引导问题 1 为什么要用到二极管?

在汽车电路中,通常情况下,发电机输出的交流电是不能直接用于用电器的,这时就需要把交流电转变成直流电。把交流电转变成直流电的过程称作整流,整流是利用半导体二极管的单向导电特性。

引导问题 2 什么是晶体二极管?

晶体二极管简称二极管,一般来讲,二极管是一个由 P 型半导体和 N 型半导体烧结形成的 PN 结界面。在其界面的两侧形成空间电荷层,构成自建电场。当外加电压等于零时,由于 PN 结两边载流子的浓度差引起扩散电流和由自建电场引起的漂移电流相等而处于电平衡状态,如图 4-8 所示,这是常态下的二极管特性。二极管是一种具有单向传导电流的半导体器件,如图 4-9 所示。图 4-10 是二极管的电路符号图,图 4-11 是常见的二极管实物图。

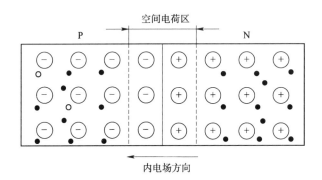

图 4-8 PN 结的形成

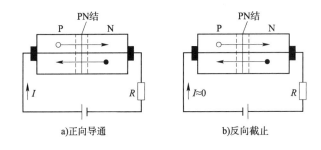

图 4-9 二极管的单向导电性

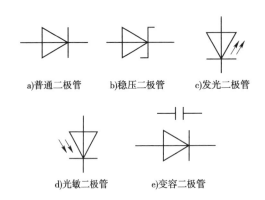

图 4-10 常见二极管电路符号

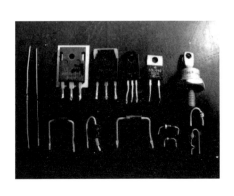

图 4-11 常见二极管实物图

引导问题3　二极管的特性曲线是怎样的？

1　正向特性

硅二极管典型伏安特性曲线如图4-12所示。在二极管上施加正向电压，当电压值较小时，电流极小；当电压超过0.6V时，电流开始按指数规律增大，通常称此为二极管的开启电压；当电压达到约0.7V时，二极管处于完全导通状态，通常称此电压为二极管的导通电压，用符号U_D表示。对于锗二极管，开启电压为0.2V，导通电压U_D约为0.3V。二极管的管压降：硅二极管（不发光类型）正向管压降为0.7V，锗管正向管压降为0.3V，发光二极管正向管压降为随不同发光颜色而不同。从曲线图上可以看出二极管的电压与电流不是线性关系，所以在将不同的二极管并联的时候要接相适应的电阻，防止电压钳位。

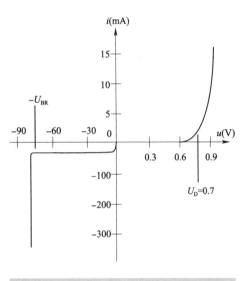

图4-12　二极管的特性曲线

2　反向特性

在二极管上施加有反向电压，当电压值较小时，电流极小，此时二极管处于反向截止状态，其电流值为反向饱和电流I_s，反向饱和电流几乎为零。当反向电压超过某个值时，电流开始急剧增大，称之为反向击穿，称此电压为二极管的反向击穿电压，用符号U_{BR}表示。不同型号的二极管的击穿电压U_{BR}值差别很大，从几十伏到几千伏。

引导问题4　二极管在电路中有何作用？

（1）整流。利用二极管单向导电性，可以把方向交替变化的交流电变换成单一方向的脉冲直流电。

（2）开关。二极管在正向电压作用下电阻很小，处于导通状态，相当于一只接通的开关;在反向电压作用下,电阻很大,处于截止状态,如同一只断开的开关。利用二极管的开关特性,可以组成各种逻辑电路。

(3) 续流。在开关电源的电感中和继电器等感性负载中起续流作用。

(4) 稳压。稳压二极管实质上是一个面结型硅二极管,稳压二极管工作在反向击穿状态。在二极管的制造工艺上,使它有低压击穿特性。稳压二极管的反向击穿电压恒定,在稳压电路中串入限流电阻,使稳压管击穿后电流不超过允许值,因此击穿状态可以长期持续并不会损坏。

(5) 触发。触发二极管又称双向触发二极管(DIAC),属三层结构,具有对称性的二端半导体器件。常用来触发双向晶闸管,在电路中作过压保护等用途。

引导问题 5　什么是二极管半波整流电路?

1 电路

电路如图 4-13 所示,电路图中各元件作用如下:

(1) 整流二极管 V:把交流电变成脉动直流电。

(2) 电源变压器 T:把 u_1 变成整流电路所需的电压值 u_2。

2 工作原理

设 V_2 为正弦波,波形如图 4-14 所示。

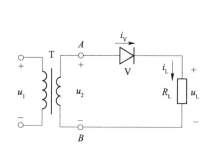

图 4-13　二极管半波整流电路

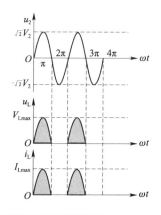

图 4-14　二极管半波整流波形

(1) V_2 正半周时,A 点电位高于 B 点电位,二极管 V 正偏导通,则 $V_L \approx V_2$。

(2) V_2 负半周时,A 点电位低于 B 点电位,二极管 V 反偏截止,则 $V_L \approx 0$。由波形可见，V_2一周期内，负载只用单方向的半个波形，这种大小波动、方向不变的电压或电流称为脉动直流电。上述过程说明，利用二极管单向导电性可把交流电V_2变成脉动直流电V_L。由于电路仅利用V_2的半个波形，故称为半波整流电路。

3 负载和整流二极管上的电压和电流

(1) 负载电压V_L：

$$V_L = 0.45 V_2$$

(2) 负载电流I_L：

$$I_L = \frac{V_L}{R_L} = \frac{0.45 V_2}{R_L}$$

(3) 二极管正向电流I_V和负载电流I_L：

$$I_V = I_L = \frac{0.45 V_2}{R_L}$$

(4) 二极管反向峰值电压V_{RM}：

$$V_{RM} = \sqrt{2} V_2 \approx 1.41 V_2$$

引导问题6 什么是单相桥式整流电路？

1 电路

单相桥式电路如图4-15所示。

2 工作原理

(1) u_2正半周时，如图4-16a)所示，A点电位高于B点电位，则V_1、V_3导通（V_2、V_4截止），i_1自上而下流过负载R_L。

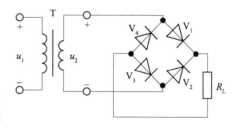

图4-15 单相桥式整流电路

(2) u_2负半周时，如图4-16b)所示，A点电位低于B点电位，则V_2、V_4导通（V_1、V_3截止），i_2自上而下流过负载R_L。叠加形成了i_L。于是负载得到全波脉动直流电压u_L。

由波形图4-17可见，V_2一周期内，两组整流二极管轮流导通产生的单方向电流i_1和i_2。

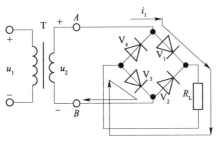
a) V_2 为正半周时的电流方向

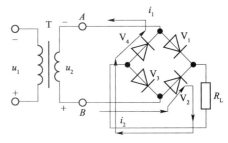
b) V_2 为负半周时的电流方向

图 4-16 单相桥式整流电路工作原理

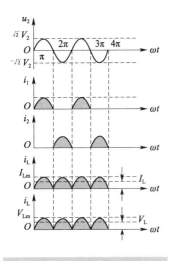

图 4-17 单向桥式整流波形

3 电路参数

(1) 负载电压 V_L：
$$V_L = 0.9 V_2$$

(2) 负载电流 I_L：
$$I_L = \frac{V_L}{R_L} = \frac{0.9 V_2}{R_L}$$

(3) 二极管的平均电流 I_V：
$$I_V = \frac{1}{2} I_L$$

(4) 二极管承受反向峰值电压 V_{RM}：
$$V_{RM} = \sqrt{2} V_2$$

引导问题 7 三相交流整流原理是怎样的？

交流发电机定子的三相绕组中，感应产生的是交流电，是通过 6 只二极管组成的三相桥式整流电路整流为直流电的。整流电路如图 4-18a) 所示，3 只正二极管的正极引出线分别同三相绕组首端相连，在某一瞬间，只有与电位最高的一相绕组相连的正二极管导通。同样，3 只负二极管的引出线也同三相绕组的首端相连，在同一瞬间，只有与电位最低的一相绕组相连的负二极管导通，这样反复循环，6 只二极管轮流导通，在负载两端便得到一个较平稳的脉动的直流电压，波形如图4-18b) 所示。

在发电机空载运行时，如将三相绕组和二极管内阻的电压降忽略不计，发电机的直流电动势数值为三相交流电线电压的 1.35 倍，是三相交流电相电压的 2.34 倍。

每一只硅二极管在一个周期内只导通 1/3 的时间,流过每个二极管的电流为负载电流的 1/3。

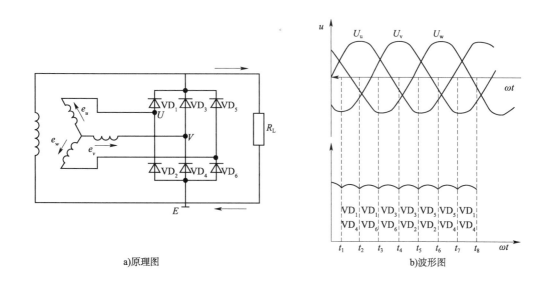

图 4-18 三相桥式整流电路原理与波形

有些交流发电机将三相绕组中性点引出,标记为"N"接线柱,它和发电机外壳之间的电压称为中性点电压,它是通过 2 只中性点二极管整流后得到的直流电压,等于发电机直流输出电压的一半。中性点电压一般用来控制各种用途的继电器,如磁场继电器、充电指示继电器等。

引导问题 8 什么是 LED?

LED(Light Emitting Diode)即发光二极管,是一种固态的半导体器件,它可以直接把电能转化为光能。LED 的心脏是一个半导体的晶体,晶体的一端附着在一个支架上,是负极,另一端连接电源的正极,整个晶片被环氧树脂封装起来。半导体晶片由两部分组成,一部分是 P 型半导体,在它里面空穴主导地位,另一端是 N 型半导体,在这边主要是电子。但这两种半导体连接起来的时候,它们之间就形成一个 PN 结。当电流通过导线作用于这个晶片的时候,电子就会被推向 P 区,在 P 区里电子跟空穴复合,然后就会以光子的形式发出能量,这就是 LED 发光的原理。而光的波长决定光的颜色,是由形成 PN 结材料决定的。LED 灯珠如图 4-19 所示,贴片 LED 如图 4-20 所示。

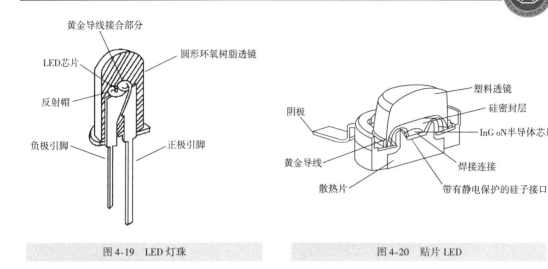

图 4-19　LED 灯珠　　　　　　　　图 4-20　贴片 LED

引导问题 9　LED 有何优点？

LED 的内在特征决定了它具有很多优点。

(1) 体积小。LED 基本上是一块很小的晶片被封装在环氧树脂里面，所以它的体积非常小，非常轻。

(2) 耗电量低。LED 耗电相当低，直流驱动，超低功耗（单管 0.03～0.06W），电光功率转换接近 30%。一般来说 LED 的工作电压是 2～3.6V，工作电流是 0.02～0.03A，这就是说，它消耗的电能不超过 0.1W，相同照明效果比传统光源节能近 80%。

(3) 使用寿命长。有人称 LED 光源为长寿灯。它为固体冷光源，环氧树脂封装，灯体内没有松动的部分，不存在灯丝发光易烧、热沉积、光衰等缺点，在恰当的电流和电压下，使用寿命可达 6 万～10 万 h，比传统光源寿命长 10 倍以上。

(4) 高亮度、低热量。LED 使用冷发光技术，发热量比普通照明灯具低很多。

(5) 环保。LED 是由无毒的材料制成，不像荧光灯含水银会造成污染，同时 LED 也可以回收再利用。光谱中没有紫外线和红外线，既没有热量，也没有辐射，炫光小，冷光源，可以安全触摸，属于典型的绿色照明光源。

(6) 坚固耐用。LED 被完全封装在环氧树脂里面，比灯泡和荧光灯管都坚固，灯体内也没有松动的部分，所以 LED 不易损坏。

引导问题 10　LED 在汽车上有何应用？

汽车用灯包含汽车内部的仪表板、音响指示灯、开关的背光源、阅读灯和外部的

项目四 汽车交直流电路

制动灯、尾灯、侧灯以及前照灯等。汽车用白炽灯不耐振动撞击、易损坏、寿命短,需要经常更换。1987年,我国开始在汽车上安装高位制动灯。由于LED响应速度快,可以及早提醒驾驶人制动,减少汽车追尾事故,在发达国家,使用LED制造的中央后置高位制动灯已成为汽车的标准件,美国HP公司在1996年推出的LED汽车尾灯模组可以随意组合成各种汽车尾灯。此外,在汽车仪表板及其他各种照明部分的光源,都可用超高亮度发光灯来担当,所以均在逐步采用LED显示。

二 实施作业

1 任务布置

(1)二极管的检测。
(2)二极管特性参数测量。
(3)LED特性测量。
(4)半波整流电路测试。
(5)单相全波整流电路测试。
(6)三相桥式整流电路测试。

2 任务准备

需要准备以下器材。

积木连线实训板 	万用表 	可调锂电池模块 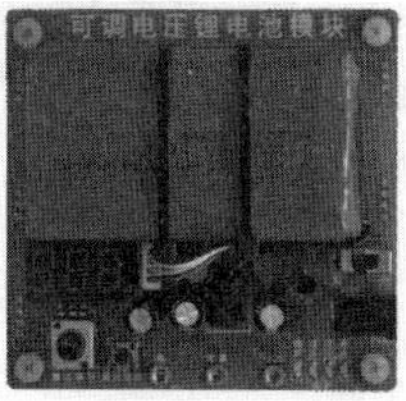	示波表 
二极管整流器板 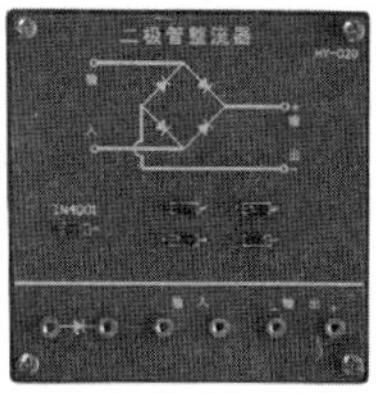	发光二极管板 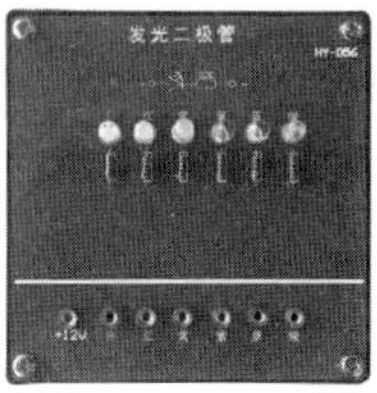	二极管特性实训板 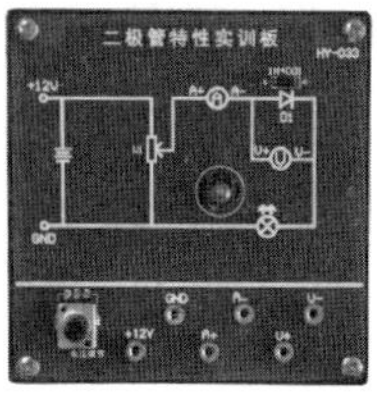	三相交流整流实训板 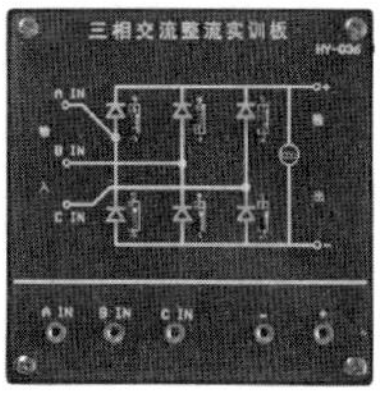

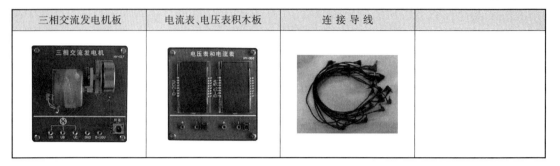

三相交流发电机板	电流表、电压表积木板	连接导线	

3 任务步骤

（1）二极管的检测。

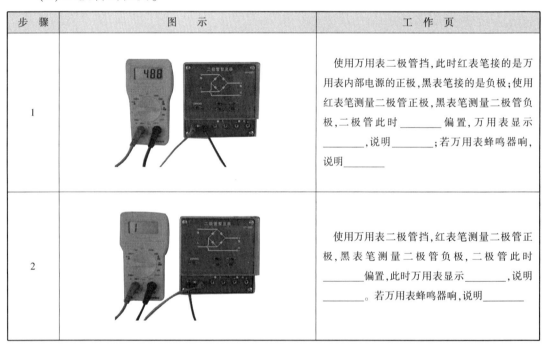

步骤	图 示	工 作 页
1		使用万用表二极管挡，此时红表笔接的是万用表内部电源的正极，黑表笔接的是负极；使用红表笔测量二极管正极，黑表笔测量二极管负极，二极管此时_____偏置，万用表显示_____，说明_____；若万用表蜂鸣器响，说明_____
2		使用万用表二极管挡，红表笔测量二极管正极，黑表笔测量二极管负极，二极管此时_____偏置，此时万用表显示_____，说明_____。若万用表蜂鸣器响，说明_____

（2）二极管特性参数测量。

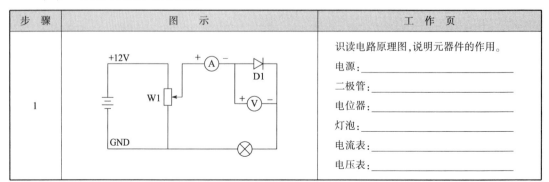

步骤	图 示	工 作 页
1		识读电路原理图，说明元器件的作用。 电源：_____ 二极管：_____ 电位器：_____ 灯泡：_____ 电流表：_____ 电压表：_____

续上表

步骤	图示	工作页
2		用连接导线按照积木连接示意图连接成完整电路,注意连接前先关闭电源开关
3	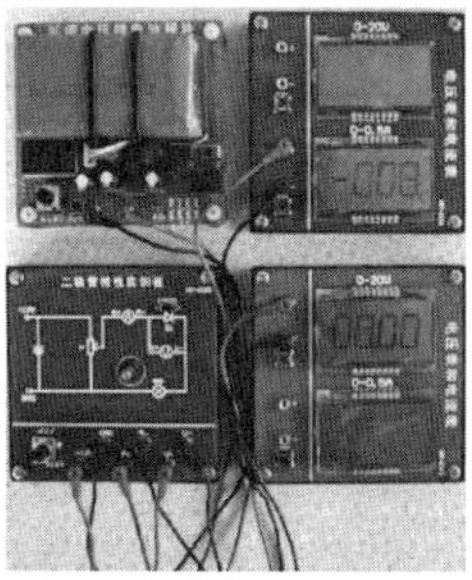	连接好实际的积木电路,检查无误后打开电源、电流表、电压表开关,仔细观察实训现象,并做好相关记录
4	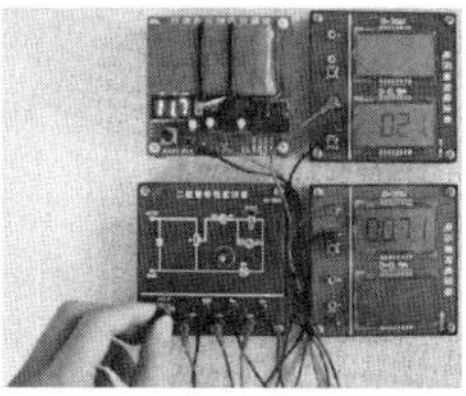	从左至右缓慢旋转电位器,当二极管两端的电压低于_____时,灯泡_____,电路电流_____,原因是_____;当二极管两端电压达到_____时,灯泡开始_____,电路电流_____,原因是_____
5		继续向右旋转电位器,此时二极管两端电压高于_____时,灯泡_____,电路电流_____,原因是_____
6	对调电源极性,从左至右旋转电位器,二极管_____偏置,灯泡_____,电路电流_____,原因是_____,若继续增大电源电压会出现什么现象_____,原因是_____

(3) LED 特性测量。

步骤	图示	工作页
1	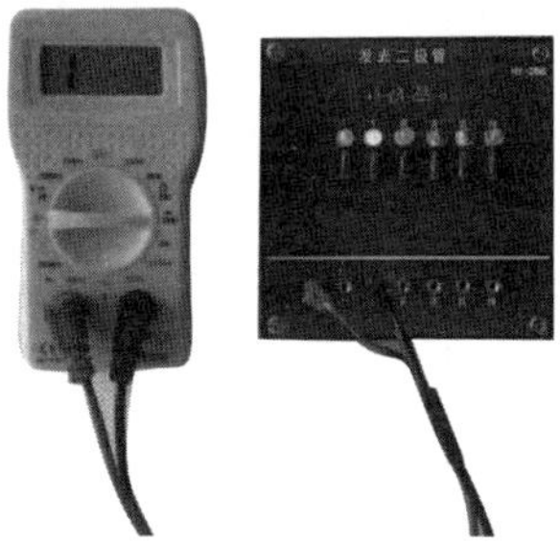	LED 导通测量:用万用表二极管挡测量各LED,可以观察 LED 发亮现象,这是因为 LED 的导通电压比普通二极管要高,万用表无法显示导通电压

步骤	图 示	工 作 页
2		按照连接示意图连接实际积木电路，测量各个 LED 的导通电压、电流，注意连接前先关闭电源开关。其中串联电阻的作用是_____ _____
3		调节电源电压，测量不同颜色 LED 正向压降和电流，列表说明，你可以发现 LED 有何特性？_____ _____ _____

（4）半波整流电路测试。

步骤	图 示	工 作 页
1	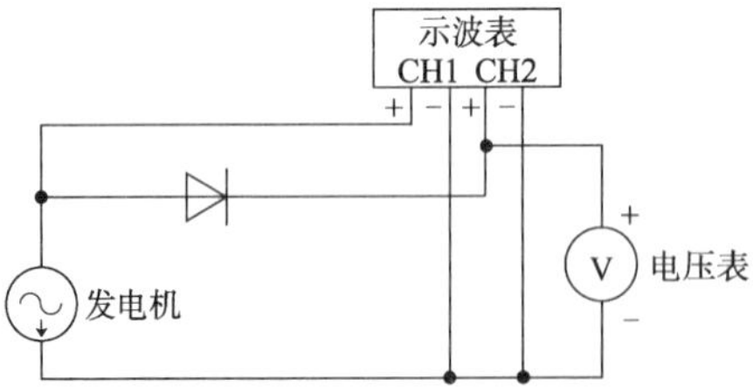	识读电路原理图，说明每个积木板的作用。 发电机：_____ 二极管：_____ 示波表：_____
2		用连接导线按照积木连接示意图连接成完整电路，注意连接前先关闭电源开关

续上表

步骤	图 示	工 作 页
3	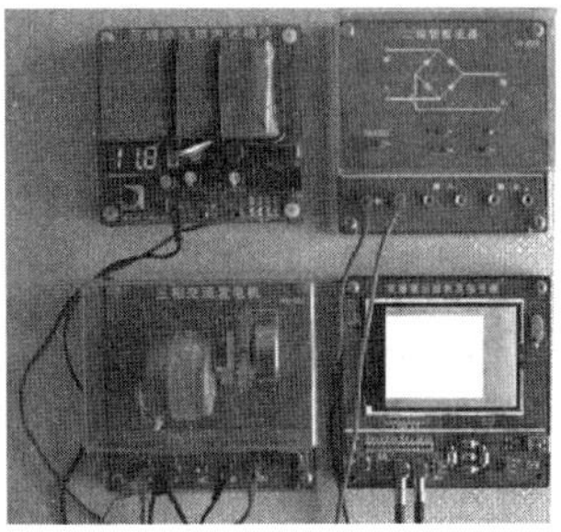	连接好实际的积木电路,检查无误后打开电源、示波表开关,示波表通道1连接的是_____,示波表通道2连接的是_____;仔细观察波形,并做好相关记录
4	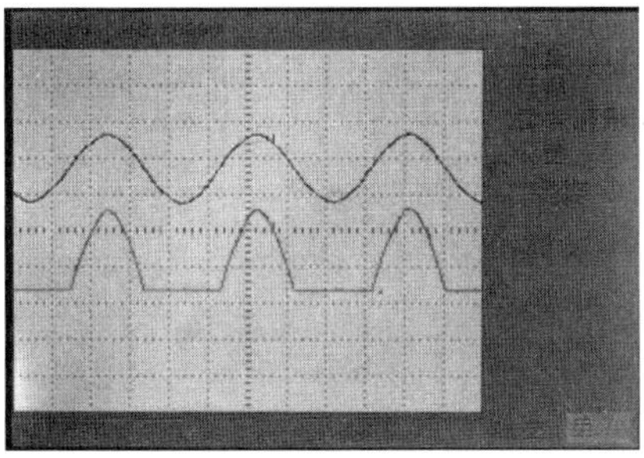	调节转速,观察波形变化。固定发电机转速,此时示波表通道1显示的波形是_____,幅值为_____,(周期为)_____,(频率为)_____;通道2显示的波形是_____,幅值为_____,(周期为)_____,(频率为)_____,负半周为什么会被砍掉?_____。描绘波形并作简要比较
5	波形描绘	

(5)单相全波整流电路测试。

步骤	图 示	工 作 页
1	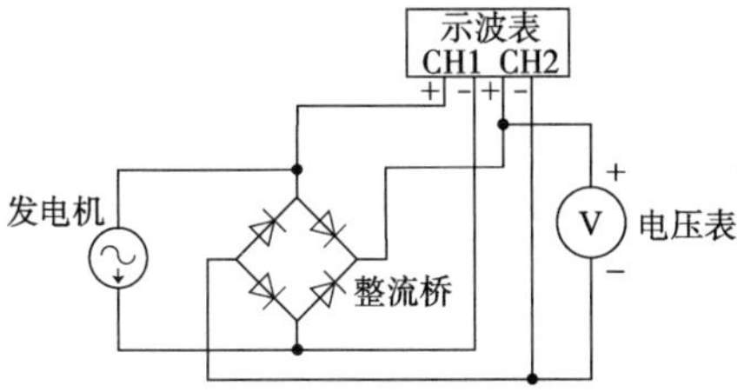	识读电路原理图,说明每个积木模块的作用。 发电机:_____ 二极管整流桥:_____ 示波表:_____

续上表

步骤	图 示	工 作 页
2		用连接导线按照积木连接示意图连接成完整电路,注意连接前先关闭电源开关
3		检查无误后接通电源和打开示波表开关,示波表通道1连接的是_____
4	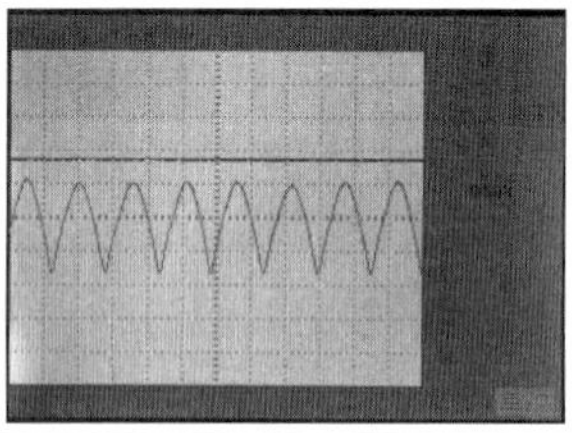	固定发电机转速,此时示波表通道1显示的波形是_____,幅值为_____,周期为_____,频率为_____;负半周为什么会变成正半周_____。请描绘波形并作简要比较
5		描绘波形

（6）三相交流桥式整流电路测试。

步骤	图 示	工 作 页
1	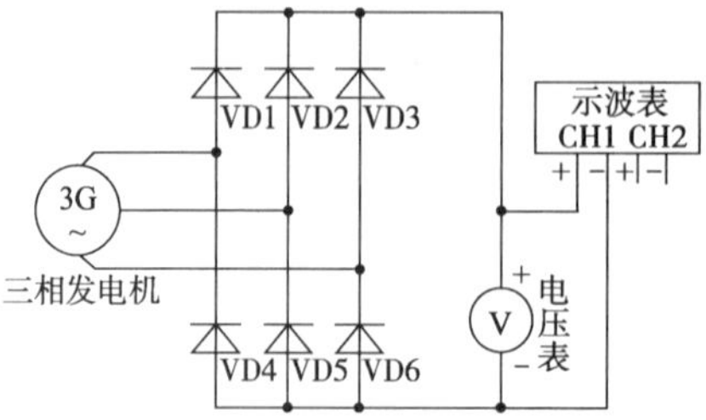	识读电路原理图,说明每个积木模块的作用。 发电机:_____ 三相整流桥:_____ 示波表:_____

项目四　汽车交直流电路

续上表

步骤	图　　示	工　作　页
2		用连接导线按照积木连接示意图连接成完整电路,注意连接前先关闭电源开关
3	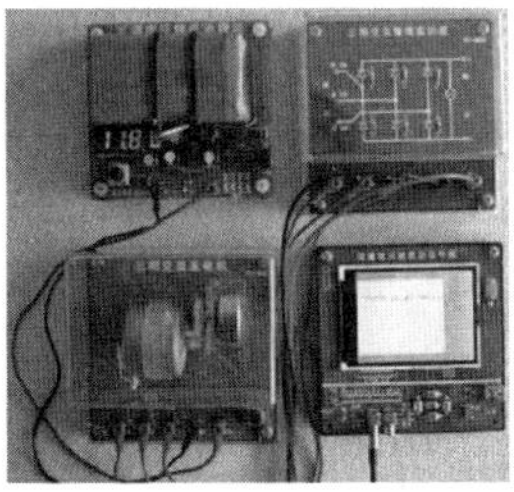	检查无误后接通电源和打开示波表开关,示波表通道1连接的是_____
4	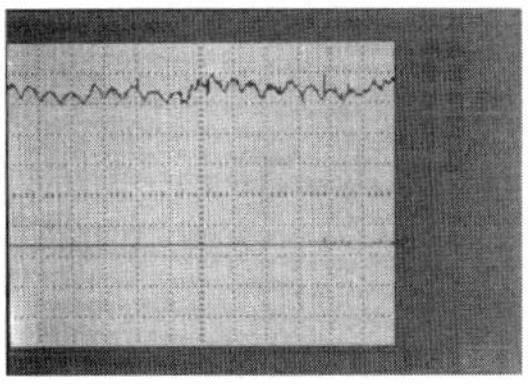	固定发电机转速,此时示波表通道1显示波形的特点是_____,幅值为_____,请画出波形并作简要分析
5	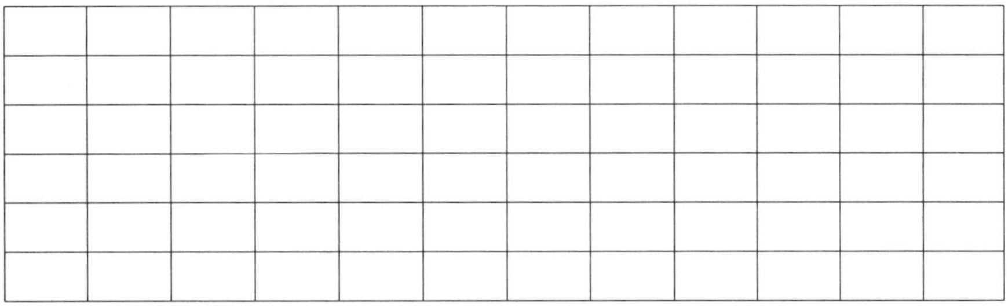 描绘波形	

三　检查控制

检查项目	结果或数据	检查项目	结果或数据	检查项目	结果或数据
连线是否规范		是否认真观察实训现象		是否单独完成工作页	
是否出现异常现象		测量数据是否准确		是否严格执行6S管理	

四 评价与反馈

1 自我评价

在知识与技能方面的收获	掌握的程度		
	牢固掌握	基本掌握	模糊不清
能够说明半导体的特性			
能够用万用表检测二极管			
能够分析二极管特征参数并结合积木电路测量参数,如导通电压、正向特性			
能够说明发光二极管(LED)原理和特性			
能够连接LED电路并测量相关参量,如导通电压,工作电流			
能够连接二极管半波整流电路并做波形分析			
能够连接二极管桥式整流电路并做波形分析			
能够连接二极管三相桥式整流电路并做波形分析			
希望自我改进的地方	希望教师改进的地方		
实训小组学生：	完成时间： 年 月 日		

2 小组和教师对本学习任务进行评价

考核项目	评分标准	分数	学生自评（权重20%）	小组互评（权重60%）	教师评价（权重20%）	小计
团队合作	是否协调信任	5				
活动参与	是否积极主动	5				
安全实训	有无安全隐患	10				
现场6S	是否做到	10				
任务方案	是否正确、合理	5				
实训过程	是否独立完成实训;工作页完成情况	40				
任务完成情况	是否圆满完成	5				
工具和设备使用	是否规范、标准	10				
问答	是否能够正确回答	5				
实训设备	是否完好	5				
总 分		100				
教师签名：			年 月 日		得分	

项目四 汽车交直流电路

学习任务三 电容、电感及滤波电路

学习目标

◎ **知识目标**
1. 理解电感器、电容器的电路特性。
2. 加深理解波形的变换过程。

◎ **技能目标**
1. 掌握电感器、电容器的简单测试。
2. 初步掌握利用元件特性变换波形的方法。

◎ **素质目标**
1. 规范实训6S管理。
2. 养成团队协作的好习惯。
3. 养成独立思考问题的好习惯。

建议完成本学习任务的时间为**6**课时。

学习任务描述

电路中除了电阻器外,还有电感器和电容器两种常用元件,三种元件组合在一起可以组成特定的电路实现波形的变换。一辆马自达6轿车前照灯改氙气灯之后,发现开灯瞬间音响自动重启,该怎样解决?

学习内容

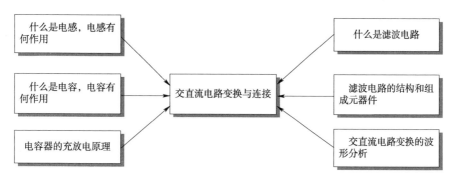

一、资料收集

引导问题1 什么是电感?

当线圈通过电流后,在线圈中形成磁场感应,感应磁场又会产生感应电流来抵制通过线圈中的电流。我们把这种电流与线圈的相互作用关系称其为电的感抗,也就是电感,单位是"亨利"(H),利用此性质制成的元件我们称为电感元件。

电感器是用漆包线、纱包线或塑皮线等在绝缘骨架或磁芯、铁芯上绕制成的一组串联的同轴线匝,它在电路中用字母"L"表示。图4-21 所示是常用电感器电路图形符号,图4-22 所示是其实物图。

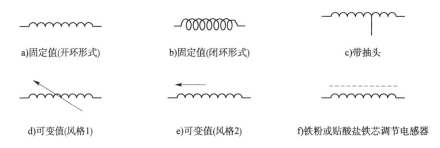

图4-21 常见电感器电路符号

图4-22 常见电感器实物图

引导问题2 电感器有何作用?

电感器的主要作用是对交流信号进行隔离、滤波或与电容器、电阻器等组成谐振电路。我们知道,电生磁、磁生电,两者相辅相成,总是随同发生。当一根导线中拥有恒定电流流过时,总会在导线四周激起恒定的磁场。当我们把这根导线都弯曲成为螺旋线圈时,应用中学学过的电磁感应定律,我们就能断定,螺旋线圈中发生了磁场。假如我们将这个螺旋线圈放在某个电流回路中,当这个回路中的直流电变化时,电感中的磁场也应该会发生变化,变化的磁场会带来变化的"新电流",由电磁感应定律,这个"新电流"一定和原来的直流电方向相反,从而在短时刻内对于直流电的变化构成一定的抵抗力。只是,一旦变化完成,电流稳定后,磁场也不再变化,便不再有任何障碍发生。

引导问题3 什么是变压器?变压器有何作用?什么是变压器的变压比?

1 变压器

变压器是利用电感器的电磁感应原理制成的部件。在电路中用字母"T"表示,如图4-23所示。

2 变压器的作用

变压器是利用其一次、二次绕组之间圈数(匝数)比的不同来改变电压比或电流比,实现电能或信号的传输与分配。其主要作用是降低交流电压、提升交流电压、信号耦合、变换阻抗、隔离等。

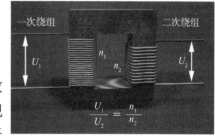

图4-23 变压器原理图

3 电压比

变压器的电压比 n 与一次、二次绕组的匝数和电压之间的关系如下:

$$n = \frac{U_1}{U_2} = \frac{n_1}{n_2}$$

式中:n_1——变压器一次(初级)绕组圈数;

n_2——二次(次级)绕组圈数;

U_1——一次绕组两端的电压;

U_2——二次绕组两端的电压。

升压变压器的电压比 n 小于1。

降压变压器的电压比 n 大于1。

隔离变压器的电压比等于1。

汽车发动机点火线圈采用的是升压方式,把低压直流电变成高压电击穿火花塞进行点火。

引导问题4 什么是电容器?

电容器是两个金属电极中间夹一层绝缘材料(介质)构成的元件,它是一种储存电能的元件。电容(或称电容量)是表征电容器容纳电荷本领的物理量。我们把电容器的两极板间的电势差增加1V所需的电量,称作电容器的电容。定义式:

$$C = \frac{Q}{U}$$

式中:Q——电量;

U——电势差。

电容器从物理学上讲,它是一种静态电荷存储介质(就像一只水桶一样,你可以把水装进去,也可以把水放出来)。

电容器电路符号如图4-24所示,用字母C表示。在国际制单位制中,电容的单位是法拉,简称法,符号是F,常用的电容单位有毫法(mF)、微法(μF)、纳法(nF)和皮法(pF)等,换算关系是:

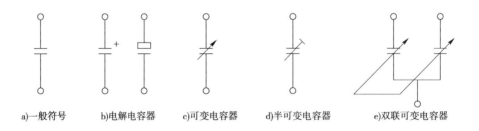

a)一般符号　b)电解电容器　c)可变电容器　d)半可变电容器　e)双联可变电容器

图4-24　常见电容器电路符号

$$1F = 1000mF = 1000000\mu F \qquad 1\mu F = 1000nF = 1000000pF$$

引导问题5 电容器的充放电特性是怎样的?

电容器的充放电特性:如图4-25所示,当开关在 a 位置时,外部电源接入电容器,电荷由电源转移到电容器,电容器极板间建立起电压,积蓄起电能,这个过程称为电容器的充电,充好电的电容器两端有一定的电压;当开关在 b 位置时,电容器储存的电荷向电路释放,这个过程称为电容器的放电。充电和放电是逆过程。

引导问题6 电容器在电路中有何作用？

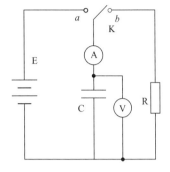

图 4-25　电容器充放电电路原理图

在电子电路中,电容器用来通过交流而阻隔直流,那么交流电为什么能够通过电容器呢？我们先来看看交流电的特点,交流电不仅方向往复交变,它的大小也在按规律变化。电容器接在交流电源上,电容器连续地充电、放电,电路中就会流过与交流电变化规律一致（相位不同）的充电电流和放电电流。小容量的电容器,通常在高频电路中使用,如收音机、发射机和振荡器中。大容量的电容器往往是作滤波和存储电荷用,而且还有一个特点,一般 1μF 以上的电容器均为电解电容器,而 1μF 以下的电容器多为瓷片电容器,当然也有其他的电容器,比如独石电容器、涤纶电容器、小容量的云母电容器等。电解电容器有个铝壳,里面充满了电解质,并引出两个电极,作为正（+）、负（-）极,与其他电容器不同,它们在电路中的极性不能接错,而其他电容器则没有极性。图 4-26 所示为几种常见的电容器。

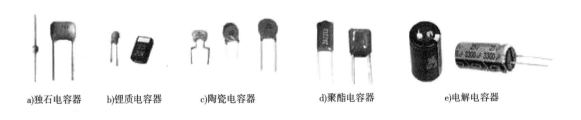

a)独石电容器　　b)锂质电容器　　c)陶瓷电容器　　d)聚酯电容器　　e)电解电容器

图 4-26　几种常见的电容器

引导问题7 什么是滤波电路？

滤波电路常用于稳定整流电压,滤去电压中的纹波,一般由电抗元件组成,如在负载电阻两端并联电容器 C,或与负载串联电感器 L,以及由电容、电感组合而成的各种复式滤波电路,如图 4-27 所示。

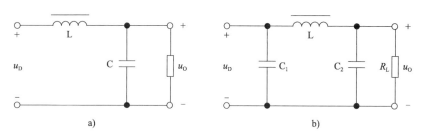

图 4-27 滤波电路

二、实施作业

1 任务布置

(1)电容器的测量。
(2)电容器充放电特性实训。
(3)电感线圈特性实训。
(4)振荡电路特性实训。

2 任务准备

需要准备以下器材。

积木连线实训板	万 用 表	可调锂电池模块	组合电容板
发电机实训板	大容量电解电容板	电容充放电实训板	基本振荡电路板
电压表、电流表积木板	基本LC谐振电路板	连接导线	

项目四 汽车交直流电路

3 任务步骤

(1) 电容器的测量。

步骤	图 示	工 作 页
1	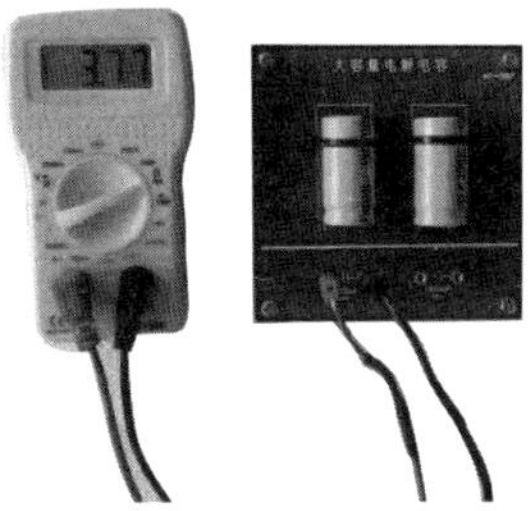	大电解电容器的测量:使用万用表电阻挡测量电容,大电解电容器由于容量大,充电过程很长,所以测量阻值变化时间_____,短路电容器重新测量,结果_____,此现象说明_____
2	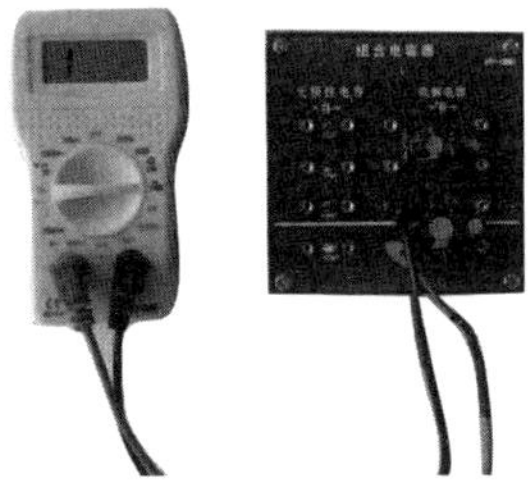	电解电容器的测量:使用万用表电阻挡测量,小电解电容器由于容量比较小,充电过程比较长,所以测量阻值变化时间_____,短路电容器重新测量,结果_____,此现象说明_____
3	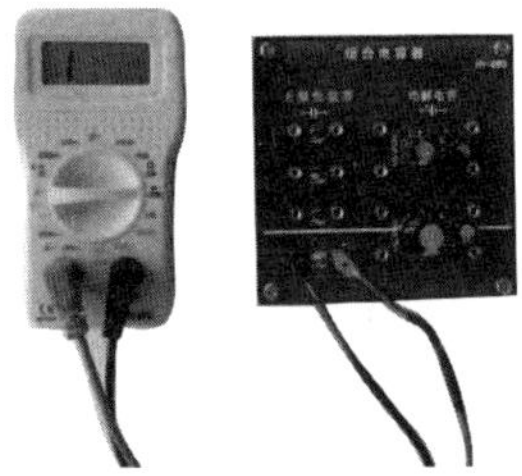	无极性电容器的测量:使用万用表电阻挡测量电容,无极性电容器由于容量很小,充电过程很短,所以测量阻值变化时间_____,短路电容器重新测量,结果_____,此现象说明_____

(2) 电容器充放电特性实训。

步骤	图 示	工 作 页
1	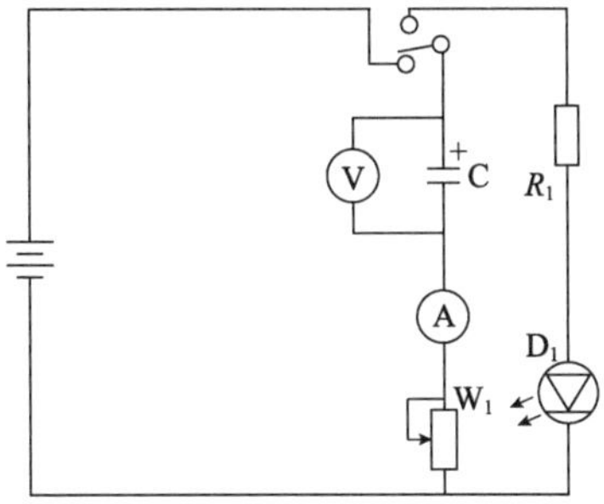	识读电路原理图,当开关拨向下端时电容器处于充电状态,调节电位器可以改变充电电流;当开关拨向上端时电容器处于放电状态,电流流经 LED

续上表

步骤	图 示	工 作 页
2		用连接导线按照积木连接示意图连接成完整电路,注意连接前先关闭电源开关
3		检查无误后接通电源,先把开关拨向下端,此时电容器处于_____状态,电容器两端电压的变化情况:_____,电流表的变化情况_____;调节电位器,观察测量仪表的变化情况。此现象说明电容器充电过程是把电荷转移到电容器,充电快慢与充电电流有关,且电容器两端的电压不能突变
4		把开关拨向上端,此时电容器处于_____状态,LED的亮度变化_____;电压表的变化_____;电流表的变化_____,此现象说明电容器放电过程是原先电容器存储的电荷转移到外部,被负载所消耗,消耗的速度与负载的功率有关。如果把开关往复往左右拨,会出现什么现象

(3)电感线圈特性实训。

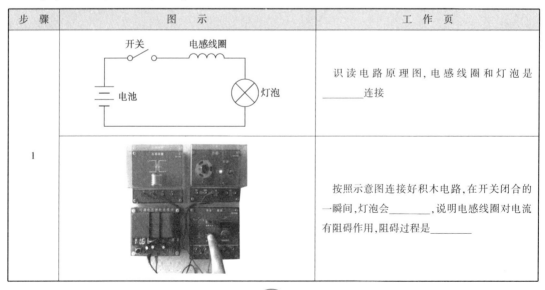

步骤	图 示	工 作 页
1		识读电路原理图,电感线圈和灯泡是_____连接
		按照示意图连接好积木电路,在开关闭合的一瞬间,灯泡会_____,说明电感线圈对电流有阻碍作用,阻碍过程是_____

续上表

步骤	图 示	工 作 页
2	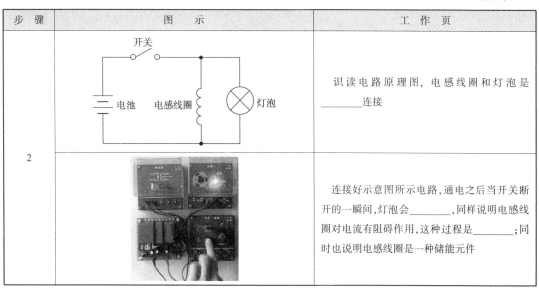	识读电路原理图,电感线圈和灯泡是_____连接
		连接好示意图所示电路,通电之后当开关断开的一瞬间,灯泡会_____,同样说明电感线圈对电流有阻碍作用,这种过程是_____;同时也说明电感线圈是一种储能元件

(4) 振荡电路特性实训。

步骤	图 示	工 作 页
1		识读基本LC谐振电路特点,当开关拨向左端时,电阻器和电容器_____连接,接通电源后,电容器_____;当开关拨向右端时,电容器和电感器_____连接,产生高频振荡
知识链接:LC振荡电路,是指用电感器L、电容器C组成选频网络的振荡电路,用于产生高频正弦波信号。LC振荡电路运用了电容器与电感器的储能特性,让电磁两种能量交替转化,也就是说电能跟磁能都会有一个最大、最小值,也就有了振荡。不过这只是理想情况,实际上所有电子元件都会有损耗,能量在电容器与电感器之间互相转化的过程中要么被损耗,要么泄漏出外部,能量会不断减小,直至能量耗尽		
2		接入电源与示波表,调节示波表参数。接通电源后,开关先拨向左端,向电容器充电,然后开关拨向右端,观察波形。注意:由于振荡时间较短,波形持续时间很短
3		识读基本振荡电路原理:利用继电器线圈与电容器组成串联谐振,通过开关接入电容器改变电容从而改变振荡频率

续上表

步骤	图　示	工　作　页
4		接通电源,先断开接入电容器,继电器线圈与自身触点产生振荡,振荡频率较慢,依次接入电容器,振荡频率明显变快

三 检查控制

检查项目	结果或数据	检查项目	结果或数据	检查项目	结果或数据
连线是否规范		是否认真观察实训现象		是否单独完成工作页	
是否出现异常现象		测量数据是否准确		是否严格执行6S管理	

四 评价与反馈

1 自我评价

在知识与技能方面的收获	掌握的程度		
	牢固掌握	基本掌握	模糊不清
能够说明电感线圈的结构并简单测量			
能够说明变压器的原理并简单测量			
能够说明电容器的原理并简单测量			
能够简要分析电感线圈电路的特性			
能够简要分析电容器的充放电特性			
能够说明电容电感滤波电路的连接及波形特点			
能够说明谐振电路的特点			
希望自我改进的地方	希望教师改进的地方		

实训小组学生:	完成时间:　　年　月　日

2 小组和教师对本学习任务进行评价

考核项目	评分标准	分数	学生自评（权重20%）	小组互评（权重60%）	教师评价（权重20%）	小计
团队合作	是否协调信任	5				
活动参与	是否积极主动	5				
安全实训	有无安全隐患	10				
现场6S	是否做到	10				
任务方案	是否正确、合理	5				
实训过程	是否独立完成实训；工作页完成情况	40				
任务完成情况	是否圆满完成	5				
工具和设备使用	是否规范、标准	10				
问答	是否能够正确回答	5				
实训设备	是否完好	5				
总 分		100				
教师签名：			年 月 日		得分	

学习任务四 发电机稳压调节电路

 学习目标

◎ **知识目标**

1. 理解电压调节器的作用。
2. 掌握稳压二极管的工作原理。
3. 理解三端稳压的特性。

◎ **技能目标**

1. 掌握稳压二极管电路的接法。
2. 掌握三端稳压的应用。

◎ **素质目标**

1. 规范实训6S管理。
2. 养成团队协作的好习惯。
3. 养成独立思考问题的好习惯。

建议完成本学习任务的时间为2课时。

 学习任务描述

经过波形变换后,输出电压还是会随输入电压波动,通常需要进行稳压,使输出电压保持稳定,供负载使用。汽车发电机采用的是电压调节器,使输出电压保持在一稳定范围内。我们先从电路原理学习稳压电路的特点。汽车发电机都是带有电压调节器的,一旦调节器出现问题,充电系统肯定会出现故障。

 学习内容

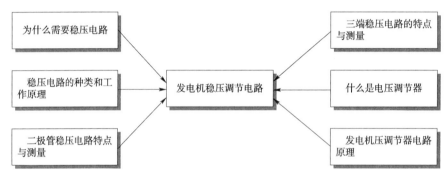

● 资料收集

引导问题1 ▶ 为什么需要稳压调节电路?

电路经过整流滤波后,虽然输出波形比较平滑,但是如果输入电压不稳定同样会造成输出电压不稳定,输出电压不稳定会损坏电子设备,因此需要有稳压电路,保证输出电压几乎是恒定不变的。在汽车发电机电路中,因汽车在不同工况下发电机输出电压是不稳定的,此时就需要对电压进行调节,使输出电压达到稳定状态。一般汽车发电机调节器都是集成电路,检测出坏了之后要直接更换。

引导问题2　稳压二极管有何特性？是如何稳压的？

1　稳压二极管特性

稳压二极管的基本结构是 PN 结,所以与普通二极管具有相似的特性,但是它也有自己的特性,主要有如下几点。

(1) 加到稳压二极管上的电压达到 U_z 时,稳压二极管击穿,两引脚之间的电压大小基本不变,利用这一特性可以进行稳压。

(2) U_z 大小受温度变化影响。

(3) 稳压二极管的 PN 结加上正向偏置电压时,它也可以作为一个普通二极管使用。但由于稳压二极管成本较高,因此电路中不会将稳压二极管作为普通二极管使用。

2　稳压二极管典型直流稳压电路工作原理分析

稳压二极管主要用来构成直流稳压电路,这种直流稳压电路结构简单,稳压性能一般,常用于稳压要求不高的场所。图4-28 所示是稳压二极管构成的典型直流稳压电路,电路中的 VS 是稳压二极管,R 是 VD1 的限流保护电阻。

未经稳定的直流工作电压 U_i 通过 R 加到稳压二极管上,由于 U_i 远大于 VS 稳压值,因此 VS 进入工作状态,即反向击穿,其两端得到稳定的直流电压,作为稳压电路的输出电压。

当直流工作电压大小波动时,流过 R 和 VS 的电流随之大小相应波动,由于稳压二极管 VS 的稳压值不变,这样直流电压 U_i 大小波动的电压降表现在电阻 R_L 上。

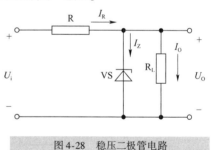

图4-28　稳压二极管电路

引导问题3　什么是三端稳压器？

三端稳压器是一种集成电路,内部采用的是串联稳压电路形式。主要有两种,一种输出电压是固定的,称为固定输出三端稳压器;另一种输出电压是可调的,称为可调输出三端稳压器。在线性集成稳压器中,由于三端稳压器只有 3 个引出端子,具有外接元件少、使用方便、性能稳定、价格低廉等优点,因而得到广泛应用。

固定三端稳压器的类别:三端稳压器的通用产品有78系列(正电源)和79系列(负电源),输出电压由具体型号中的后面两个数字代表,有5V、6V、8V、9V、12V、15V、18V、24V等。输出电流以78(或79)后面加字母来区分,L表示0.1A,M表示0.5A,无字母表示1.5A,如78L05表示5V 0.1A。外形如图4-29所示。三端稳压应用电路如图4-30、图4-31所示。

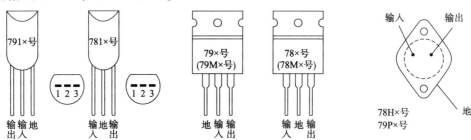

图4-29 三端稳压外形

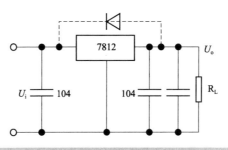

图4-30 典型应用电路

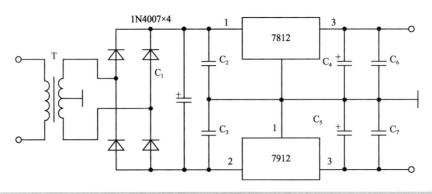

图4-31 双电源电路

引导问题4 使用三端稳压注意事项有哪些?

在使用时必须注意:U_i和U_o之间的关系,以三端稳压器7805为例,该三端稳压器的固定输出电压是 5V,而输入电压至少大于 7V,这样输入/输出之间有 2~3V 及以上的压差。使调整管保证工作在放大区。但压差取得大时,又会增加集成块的功耗,所以,两者应兼顾,即既保证在最大负载电流时调整管不进入饱和,又不至于使得功耗偏大。另外一般在三端稳压器的输入、输出端接一个二极管,用来防止输入端短路时输出端存储的电荷通过稳压器,而损坏器件。

用途:一般稳压管和稳压三极管的用途是一样的,都用于控制板电路的稳压,以防止电压过高烧毁电路。

实施作业

1 任务布置

(1)三端稳压集成电路特性实训。
(2)稳压二极管特性实训。
(3)单项交流电整流、滤波、稳压特性实训。

2 任务准备

需要准备以下器材。

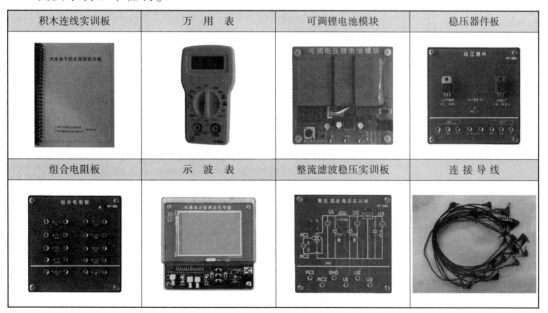

3 任务步骤

(1)三端稳压集成电路特性实训。

步骤	图示	工作页
1	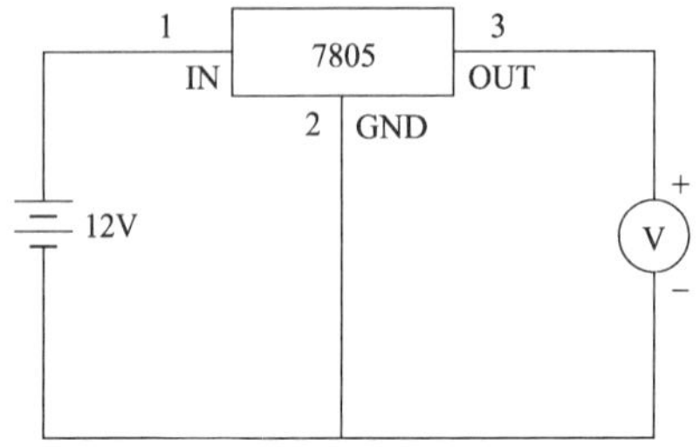 (电路原理图：12V电源接7805三端稳压器，1为IN，2为GND，3为OUT，输出接电压表V)	识读电路原理图，三端稳压器的型号为_____，IN 接_____，GND 接_____，OUT 接_____
2	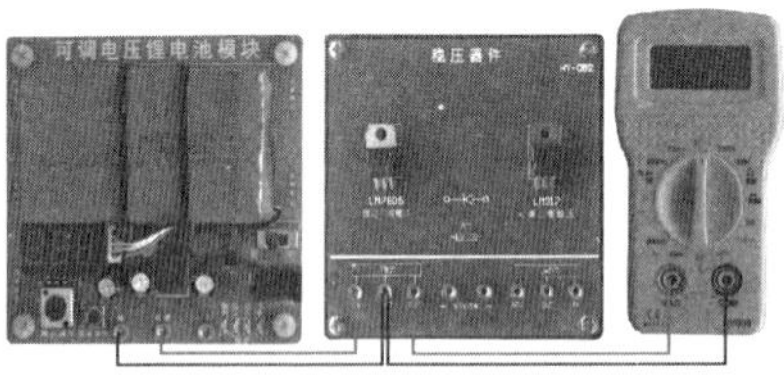 (实物连接图)	用连接导线按照积木连接示意图连接成完整电路，注意连接前先关闭电源开关
3	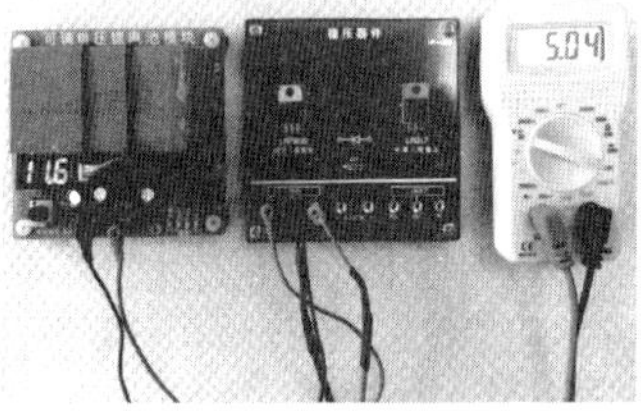 (实物图，显示5.04)	检查无误后接通电源，电源电压调至最大值为_____V，此时三端稳压输出端电压为_____V
4	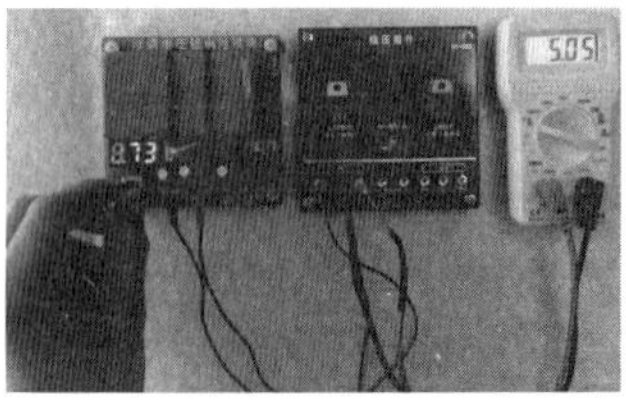 (实物图，显示5.05)	调节电源电压，我们可以看到，只要输入电压_____，输出电压都是_____V；说明三端稳压的特点是_____

(2)稳压二极管特性实训。

步骤	图示	工作页
1	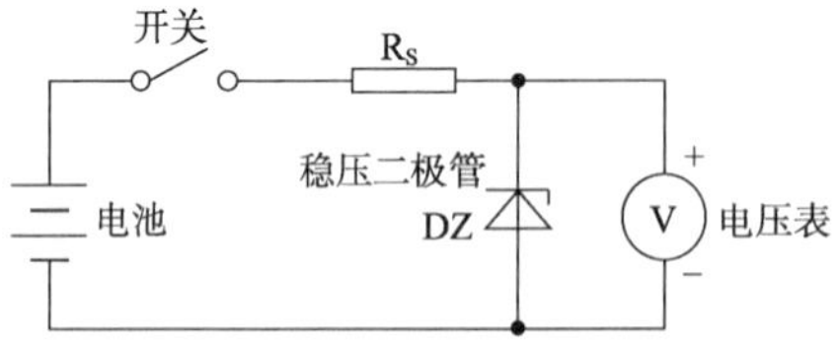 (电路原理图：电池、开关、电阻Rs、稳压二极管DZ、电压表)	识读电路原理图，稳压二极管此时处于_____偏置，和电阻_____连接，电压表测量的是_____端的电压，就是稳定的输出电压
2	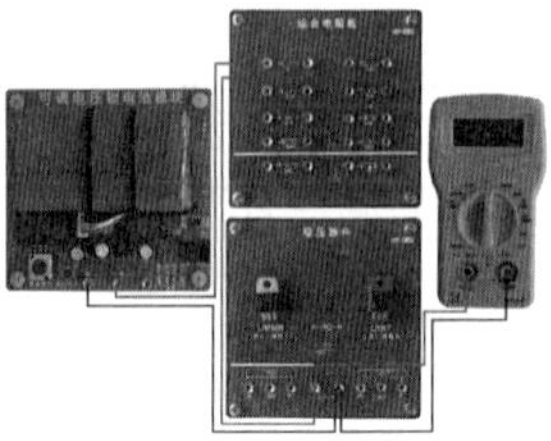 (实物连接图)	用连接导线按照积木连接示意图连接成完整电路，注意连接前先关闭电源开关

续上表

步骤	图 示	工 作 页
3	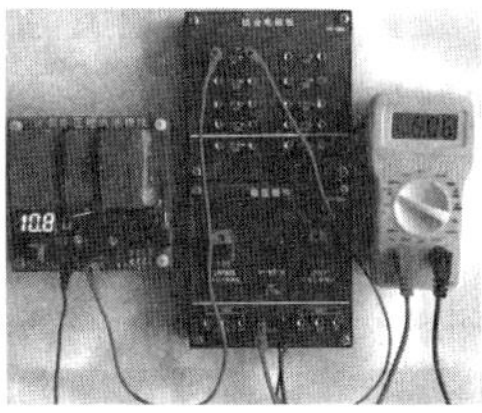	检查无误后接通电源,万用表调至直流电压20V挡,选择电阻的阻值为_____Ω,稳压二极管ZD的标识为_____,代表_____。电源电压调至最大为_____V,此时输出电压为_____V
4	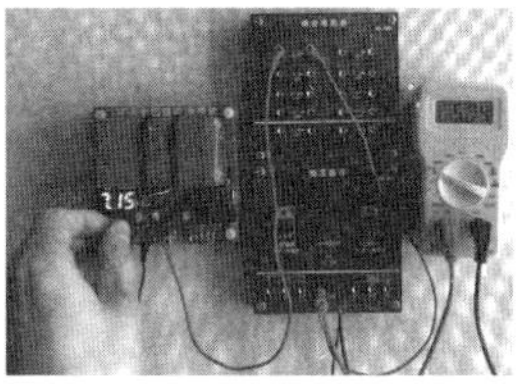	调节电源电压,只要输入电压不低于_____V,输出电压就保持为_____V,同时你能计算电阻上的电压值为多少吗?请列式说明
5	计算过程:	

(3) 单相交流电整流、滤波、稳压特性实训。

步骤	图 示	工 作 页
1	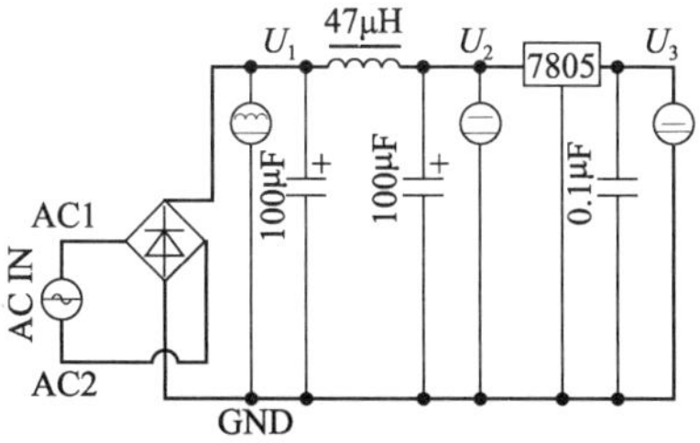	识读电路原理图,发电机输出正弦交流电,依次通过_____、_____、_____,得到稳定平滑的直流电;电容器的连接特点_____,电感器的连接特点_____
2	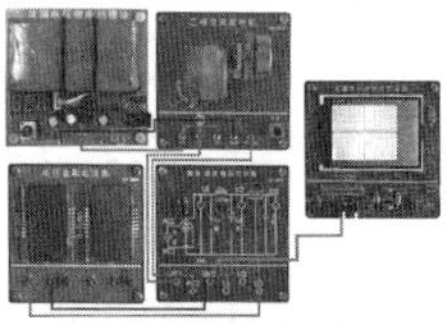	用连接导线按照积木连接示意图连接成完整电路,注意连接前先关闭电源开关
3	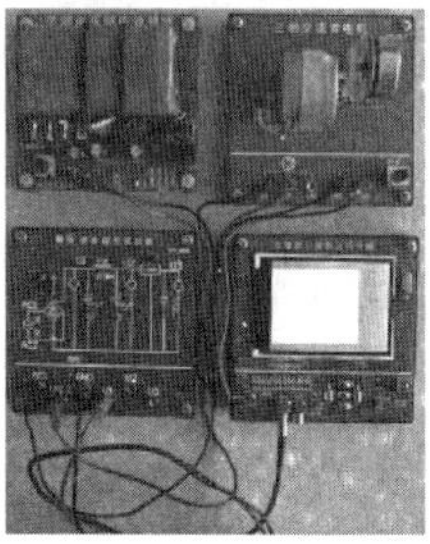	检查无误后接通电源,打开示波表电源,选择耦合方式为直流,测量 U_1 波形,波形的特点:_____,读出电压幅值为_____

续上表

步骤	图　示	工　作　页
4		测量 U_2 波形,波形的特点:_____,读出电压幅值为_____
5		测量 U_3 波形,波形的特点:_____,读出电压幅值为_____。交流电通过整流、滤波、稳压后输出稳定的直流电供负载使用

三 检查控制

检查项目	结果或数据	检查项目	结果或数据	检查项目	结果或数据
连线是否规范		是否认真观察实训现象		是否单独完成工作页	
是否出现异常现象		测量数据是否准确		是否严格执行6S管理	

四 评价与反馈

1 自我评价

在知识与技能方面的收获	掌握的程度		
	牢固掌握	基本掌握	模糊不清
能够说明稳压电路的必要性			
能够说明二极管稳压电路的特点			
能够说明三端稳压电路特点			
能够连接积木板二极管稳压电路并计算参数			
能够连接积木板三端稳压电路并计算参数			
能够对整流、滤波、稳压电路做综合分析			
希望自我改进的地方		希望教师改进的地方		
实训小组学生:			完成时间:　　年　　月　　日

2 小组和教师对本学习任务进行评价

考核项目	评分标准	分数	学生自评（权重20%）	小组互评（权重60%）	教师评价（权重20%）	小计
团队合作	是否协调信任	5				
活动参与	是否积极主动	5				
安全实训	有无安全隐患	10				
现场6S	是否做到	10				
任务方案	是否正确、合理	5				
实训过程	是否独立完成实训；工作页完成情况	40				
任务完成情况	是否圆满完成	5				
工具和设备使用	是否规范、标准	10				
问答	是否能够正确回答	5				
实训设备	是否完好	5				
总分		100				
教师签名：			年　月　日		得分	

项目五 占空比控制及应用

项目描述

占空比在汽车电子控制中是比较常用的控制方式,如电磁阀控制,电动机转速控制,理解占空比调制和控制原理对电路设计和维修都有很重要的帮助。本项目通过向同学们介绍占空比的定义和控制特点,在实训中观测波形和控制负载的变化来理解和掌握占空比控制技术。

学习任务一 占空比控制电磁阀

学习目标

◎ **知识目标**
1. 理解占空比调制原理。
2. 理解电磁阀控制原理和方式。

◎ **技能目标**
1. 初步掌握占空比控制负载的电路连接特点。
2. 初步掌握占空比控制电磁阀的波形分析。

◎ **素质目标**
1. 规范实训6S管理。
2. 养成团队协作的好习惯。
3. 养成独立思考问题的好习惯。

项目五 占空比控制及应用

 建议完成本学习任务的时间为 **4** 课时。

 学习任务描述

在维修厂一位老师傅搞不清楚什么是占空比控制，什么是逆变器，现在流行的变频空调与普通空调有何区别。你能够回答他吗？

 学习内容

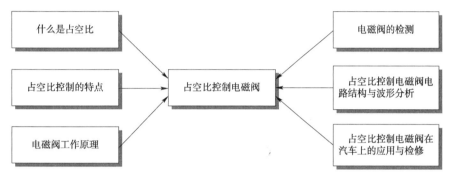

 **资料收集**

引导问题1 汽车电路中为何需要占空比控制？有何特点？

在汽车电路中，通常要求控制的负载功率要变化，即加在负载两端的电压和流经负载的电流要变化，以满足不同的工况。要实现这种控制方式有两种方法：改变电路电阻（在电路中串联电阻）或控制占空比。

根据欧姆定律可知，在电路中串联入电阻可以改变负载的电压和电流，从而改变了负载的功率，但此时电阻会产生分压，流过的电流肯定会有很大的功率损耗，早期汽车空调鼓风机的控制方式就是采用这种串联电阻的方式。

通过控制占空比可在无功率损失的情况下对电流进行控制。占空比信号类似转向灯的控制信号，转向灯每次点亮约半秒钟，然后熄灭约半秒钟，这称作一个周期。转向灯控制信号和占空比信号的不同在于：

（1）信号频率，即电压切换的速率：占空比信号的频率比转向灯控制信号的频率高。

(2)电流通、断时间的比例:占空比信号的通、断(高、底)时间可变。

引导问题2　什么是占空比及变频控制技术(PWM)?

占空比的电路模型如图5-1所示,占空比信号由电子电路快速控制电流而产生,分正极端控制与负极端控制,两者只是控制波形相反。在实际应用中多采用负极端控制方式。

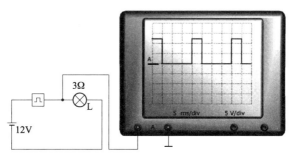

图5-1　占空比控制电路模型

在一个周期为10ms的占空比信号内,通电时间为4ms,断电时间为6ms,那么该信号的占空比就是40%。如果要增加灯泡的亮度可以将通电时间调整为8ms,断电时间调整为2ms。此时灯泡的功率将是其全功率的80%。

占空比,是指在一串理想的脉冲周期序列中(如方波),正脉冲的持续时间t与脉冲总周期T的比值。如图5-2所示,例如:脉冲宽度1μs,信号周期4μs的脉冲序列占空比为0.25。有句成语:"三天打鱼,两天晒网",如果以五天为一个周期,"打鱼"的占空比则为0.6。

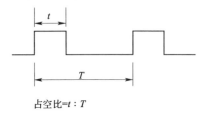

图5-2　占空比波形

变频控制技术也叫脉冲宽度调制PWM(Pulse Width Modulation),是占空比电路应用的进一步升华。它通过对半导体开关器件的导通和关断进行控制,使输出端得到一系列幅值相等而宽度不相等的脉冲,用这些脉冲来代替正弦波或其他所需要的波形。按一定的规则对各脉冲的宽度进行调制,既可改变逆变电路输出电压的大小,也可改变输出频率,其广泛应用于测量、通信、功率控制与变换等许多领域。变频空调,汽车逆变器(12V直流转220V50Hz交流)都采用了上述技术的原理。准确地说,占空比控制应该称为电控脉宽调制技术,它是通过电子控制装置对加在工作执行元件上一定频率的电压信号进行脉冲宽度的调制,以实现对所控制的执行元件工作状态精确、连续的控制。

项目五　占空比控制及应用

引导问题 3　　占空比在汽车上有何应用？

现代汽车的控制精度越来越高,特别是在电控系统中,以前所采用的一些普通的开关式的执行器件已经不能满足现代轿车的控制要求了,比如说 EGR 系统,怠速控制系统,燃油蒸发控制系统等。

二、实施作业

1 任务布置

(1)占空比调光电路实训。
(2)模拟电磁阀工作原理。
(3)占空比控制电磁阀。

2 任务准备

需要准备以下器材。

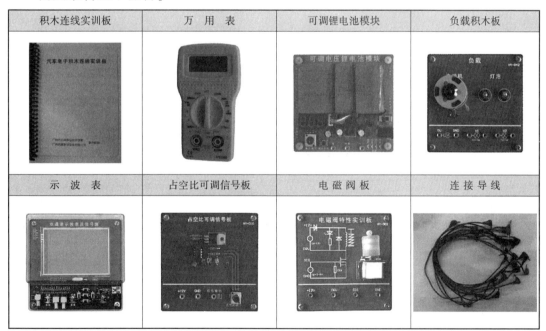

3 任务步骤

(1)占空比调光电路实训。

步骤	图 示	工 作 页
1	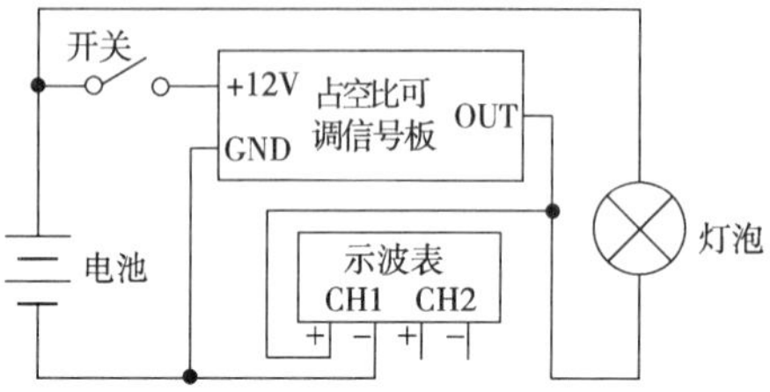	识读电路原理图,占空比信号发生器输出一个占空比信号,相当于开关连续闭合、断开频率很快,发生器输出已带驱动放大,可直接接入负载
2		用连接导线按照积木连接示意图连接成完整电路,注意连接前先关闭电源开关
3	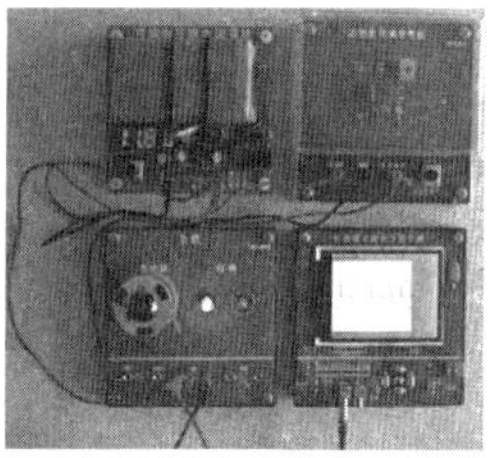	检查无误后接通电源,从左至右调节电位器,观察灯泡亮度变化,同时观察示波表波形,记录相关数据
4	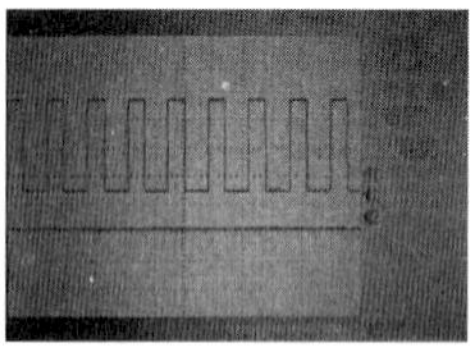	调节示波表幅值和时基,占空比波形的特点:_____,输出电压的变化情况是_____,占空比与灯泡亮度的关系是怎样的?_____你能计算出占空比是多少吗?画出波形并列式计算
5	描绘占空比波形 计算波形占空比:	

（2）模拟电磁阀工作原理。

图　　示

工　作　页

知识链接：什么是电磁阀？

电磁阀由两个基本功能单元组成：电磁线圈和磁芯。包含一个或几个孔的阀体。当电线圈通电或断电时，磁芯的运转将导致流体通过阀体或被切断。电磁线圈被直接安装在阀体上，磁芯被封闭在密封管中，构成一个简洁、紧凑的组合。电磁阀是用来控制流体的自动化基础元件，属于执行器，可用于液压、气动。汽车上有很多电磁阀，比如EGR阀、ABS阀等。下图所示为单电控直动式电磁阀的动作原理图。

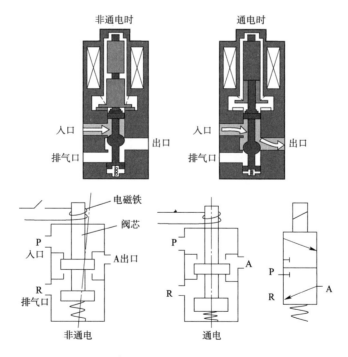

完成模拟电磁阀工作原理积木的连接，填写工作页。

连接好电路，检查无误后接通电源，此时磁铁_____，原因是_____。从实训中我们可以知道用固定的直流电流控制电磁阀阀门的开度是固定的，而很多时候我们要求阀门的开度是可变的，比如汽车发动机怠速阀、EGR阀、ABS阀等。

(3)占空比控制电磁阀。

步骤	图示	工作页
1	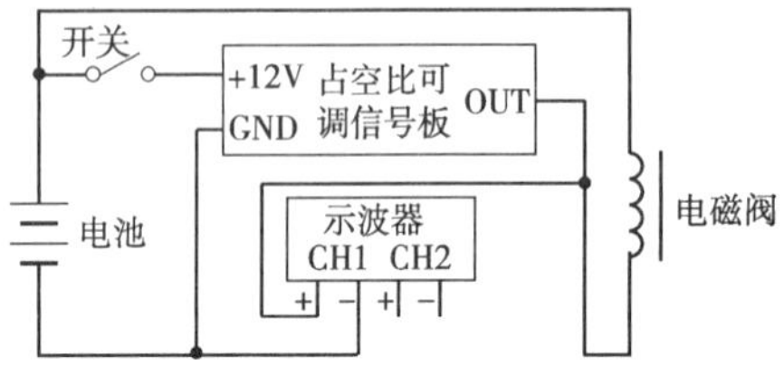 开关 +12V 占空比可调信号板 GND OUT 电池 示波器 CH1 CH2 电磁阀	识读电路原理图,占空比输出信号已经带驱动放大,可以直接控制电磁阀升程
2	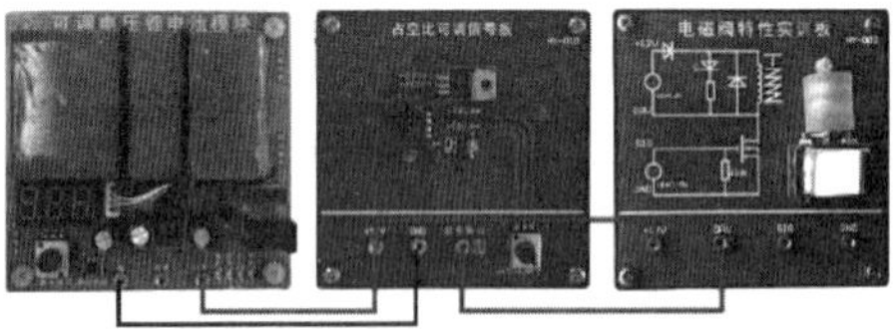	用连接导线按照积木连接示意图连接成完整电路,注意连接前先关闭电源开关
3	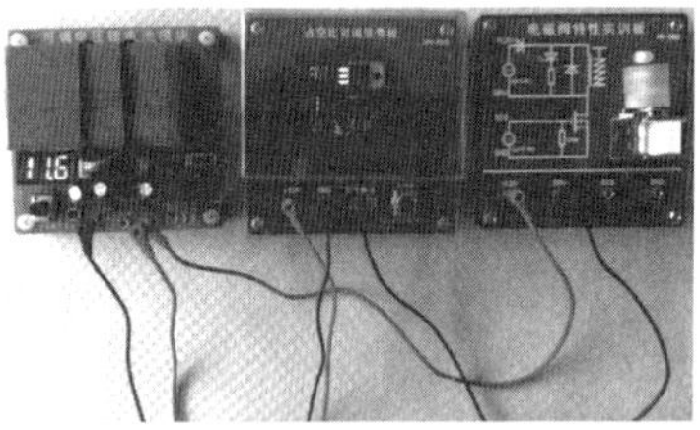	检查无误后接通电源,旋转占空比调节电位器至最左端,观察电磁阀状态,同时观察示波表波形,用万用表直流挡测量输出电压,记录相关数据
4	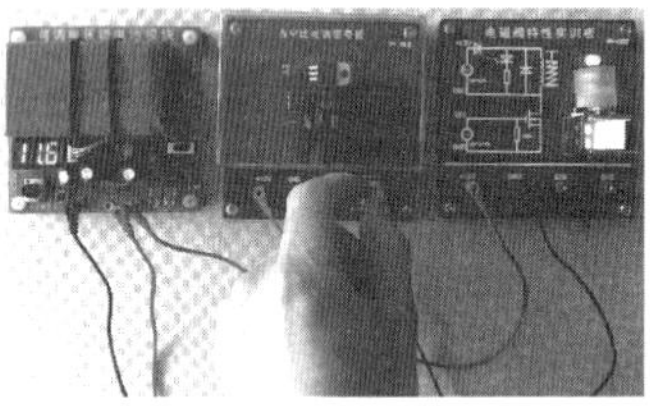	从左至右旋转占空比调节电位器,电磁阀升程的变化情况是_____,同时观察输出电压的变化_____,通过这个实训,我们可以知道占空比控制电磁阀的工作原理是:调节占空比信号,使输出电压产生变化,驱动功率器件控制电磁阀电流,从而使电磁阀升程产生变化

三 检查控制

检查项目	结果或数据	检查项目	结果或数据	检查项目	结果或数据
连线是否规范		是否认真观察实训现象		是否单独完成工作页	
是否出现异常现象		测量数据是否准确		是否严格执行6S管理	

项目五　占空比控制及应用

四 评价与反馈

1 自我评价

在知识与技能方面的收获	掌握的程度		
	牢固掌握	基本掌握	模糊不清
能够说明什么是占空比			
能够分析占空比的特性			
能够连接积木占空比控制灯泡电路并分析电路			
能够用示波表测量占空比信号并分析相关参量,如占空比、频率			
能够说明电磁阀的结构和工作原理			
能够连接占空比控制电磁阀电路			
希望自我改进的地方		希望教师改进的地方	
实训小组学生:		完成时间:　　　年　　月　　日	

2 小组和教师对本学习任务进行评价

考核项目	评分标准	分数	学生自评（权重20%）	小组互评（权重60%）	教师评价（权重20%）	小计
团队合作	是否协调信任	5				
活动参与	是否积极主动	5				
安全实训	有无安全隐患	10				
现场6S	是否做到	10				
任务方案	是否正确、合理	5				
实训过程	是否独立完成实训;工作页完成情况	40				
任务完成情况	是否圆满完成	5				
工具和设备使用	是否规范、标准	10				
问答	是否能够正确回答	5				
实训设备	是否完好	5				
总　分		100				
教师签名:			年　　月　　日		得分	

学习任务二　风扇温度自动控制电路的连接与调试

学习目标

◎ 知识目标
1. 理解汽车发动机温度调节的必要性。
2. 理解直流风扇转速控制的方式。

◎ 技能目标
1. 初步掌握汽车直流风扇转速控制的原理与电路连接。
2. 初步掌握风扇电路简单故障的排除。

◎ 素质目标
1. 规范实训6S管理。
2. 养成团队协作的好习惯。
3. 养成独立思考问题的好习惯。

 建议完成本学习任务的时间为4课时。

 学习任务描述

自动化技术在汽车上应用得非常多,如发动机散热器、空调冷凝器散热风扇和自动空调鼓风机控制。本任务我们归纳总结自动温度风扇控制电路的种类和原原理,并通过学习自己设计一个自动温度风扇控制电路。

 学习内容

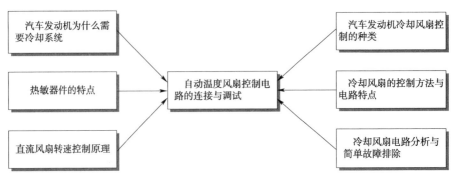

一 资料收集

引导问题 1 汽车有了散热风扇,为何还需要增加温度控制电路?

车辆在使用过程中,发动机会产生过多的热量。为了让发动机不会因过热而不能正常工作,人们设计了冷却液循环散热系统,而其中汽车散热风扇又起着举足轻重的作用。下面我们就来研究汽车散热风扇的控制方式。一般情况下,当发动机刚起动或气温较低时,为使发动机迅速达到工作温度,此时要求散热风扇是不转的,当发动机温度上升至80℃左右时,要求风扇实现低速转动;当开了空调或发动机冷却液温度达到100℃时,要求风扇以高速转动达到快速散热的功效,以保证发动机不会过热。

引导问题 2 常见的风扇温度自动控制电路有哪些?

1 单纯继电器控制电路

如图5-3所示为早期汽车通用的冷却风扇控制器。

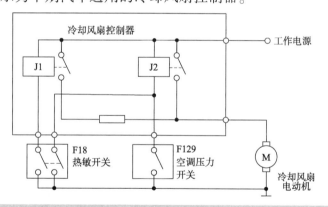

图5-3 帕萨特轿车B5冷却风扇控制器工作电路图

工作原理:当冷却液温度或打开空调后空调压力超过规定的限值时,温度开关或空调压力开关接通,控制J1、J2继电器工作,驱动风扇电动机,使冷却风扇工作。

特点和评析:自控电动控制方式,线路简单实用,成本低,易维修。但远离风扇,线束长;只能控制两个固定风速;对风扇电动机没有保护功能。

2 逻辑电路加继电器集成式控制器

图5-4所示为上海大众波罗轿车冷却风扇控制电路原理图。两个大功率继电器

和与门电路(或延时电路)集中在一起,组成一个独立结构。继电器工作与否也受控于外部冷却液温度开关和空调压力开关。K1 和 K2 端分别接监测冷却液温度的两个热敏开关,热敏开关 1 的动作温度为 92~97℃,控制辅助风扇,热敏开关 2 的动作温度为 99~105℃,接主风扇。MOT1、MOT2 与空调器相连,压缩机工作时,风扇会进行必要的工作。当热敏开关 1 或 MOT1 接收到相应超限信号时,起动低速辅助风扇。热敏开关 2 或 MOT2 接收到相应超限信号时,起动高速主风扇。

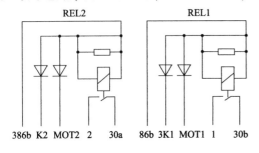

图 5-4 波罗轿车冷却风扇控制电路原理图

特点和评析:自控电动控制方式,直接安装于风扇附近,散热好;线路简单、线束少,易维修。只能控制两级个固定风速,用于密封强制循环式发动机冷却系统。对产品的工作温度要求较高,从 70℃ 提高到 110℃,另外对水密封性和防尘都有更高的要求,综合成本较高。电路对风扇电动机没有保护功能。

3 智能芯片与继电器分离式控制电路

代表产品是用于金杯海狮、金龙海狮柴油车和北汽福田蒙派克车的上海沪工公司产品系列。工作原理如图 5-5 所示,PWM 控制器采样冷却液温度传感器 Rt 信号,当温度为 (80±3)℃ 时,控制继电器 J1 动作,驱动冷却风扇低速运行;当温度为 85~95℃ 时,控制继电器 J2 动作,驱动冷却风扇高速运行。当冷却液温度低于相应温度时,依次由高速降到低速至停止。

特点和评析:自控电动控制方式,核心芯片是单片机,控制电路与继电器分离,单端口信号采样、双路冷却风扇固定风速控制输出。控制电路简洁,由于远离继电器和冷却风扇,电磁兼容的效果较好。但采样信息少,能耗控制未予考虑。电路对冷却风扇电动机没有保护功能。

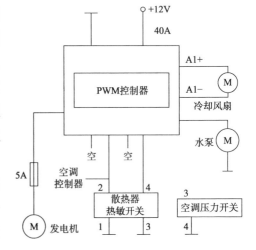

图 5-5 智能芯片与继电器分离式控制电路原理图

4 智能芯片加继电器集成式控制电路

典型产品是用于宝来汽车的 HG4948 风扇控制器。其电路特点是：在自控电动控制方式二结构上增加单片机等电子器件。多端口信号采样；输出端，除主、辅双风扇控制外，还控制空调电磁离合器和冷却水泵，与发动机 ECU 有单线双向通信端口 (BIDI)，负责向发动机通知空调电离合器的工作状况及判断风扇控制器是否应该起动电磁离合器。

输入信号有空调压缩机的压力传感器（PWM 信号）、外界温度传感器（NTC）、冷却液温度信号、机油温度开关、空调开关等，这些都是发动机系统必不可少的控制信号，经单片机处理，分别根据不同的压力条件、温度条件，使主风扇、辅风扇、空调电磁离合器和冷却水泵进行有序的工作，风扇起动其外围电路如图 5-6 所示。这种冷却风扇控制器是双风扇固定转速控制技术的最高形式。

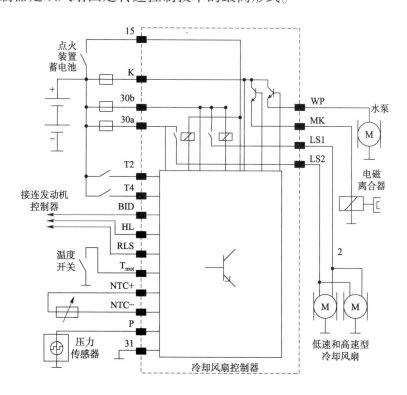

图 5-6 宝来汽车的冷却风扇控制外围电路

特点和评析：综合型智能控制和自控电动控制的边缘方式，采样信息多，智能化控制程度高；冷却风扇采用软起动方式提高了冷却风扇的工作寿命。安装在冷却风扇附近散热较好。但对水密封性和防尘都有更高的要求，综合成本较高。

5 早期PWM脉冲宽度调制输出的控制电路

早期PWM控制器外围电路如图5-7所示。典型例子是用于帕萨特轿车B5/V6车型的冷却风扇控制器。

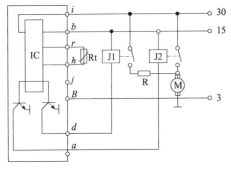

图5-7 早期PWM控制器外围电路

特点和评析：

（1）风扇转速不再是前几种继电器闭合后的固定速度，而是采用PWM脉冲宽度调制技术，20Hz频率下占空比可变的4种速度，虽然是单风扇，却可以根据冷却液温度和空调压缩机压力情况实现4种强制补风能力，使冷却效率大大增加。

（2）用功率MOS管取代了继电器来驱动风扇。提高了工作可靠性和工作耐久性。

（3）具有短路、过载堵转等保护功能。

（4）由于有固定频率振荡脉冲，对外的电磁骚扰加剧，须采取一定的抑制措施。

6 改进后的脉冲宽度调制PWM输出方式的控制电路

典型产品是用于一汽大众奥迪轿车的冷却风扇控制器，双风扇驱动模式，图5-8所示是其外部电路示意图。

PWM控制器安装在发动机舱的冷却风扇上。与早期不同，改进后PWM控制器与发动机ECU紧密相关，发动机ECU在采样分析冷却系统的温度、压力等综合信号后处理成PWM信号给冷却风扇控制器，冷却风扇控制器再输出相应占空比的PWM脉冲信号驱动冷却风扇，使风扇在一定范围内可以无级调速。

改进后PWM控制器控制两个冷却风扇输出情况不同，在输入信号占空比小于5%时，两者均为100%输出，风扇全速运行。此后，在5%~12%输入时，风扇M1输出为零，在12%~88%输入时为线性输出，即以占空比为22%~90%输出无级调速。风扇M2则在在输入信号占空比为5%~82%时，输出为零。其

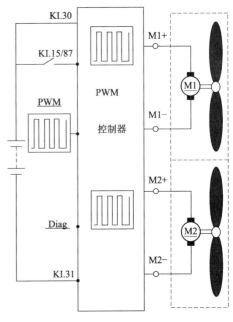

图5-8 改进后的PWM控制器外围电路

他情况下均为100%输出。

特点和评析：综合型智能控制方式，继承了早期PWM控制器的特点，也继承了集中控制方式的优点，只是高速冷却风扇M2依然是有级调速，必然有能量的损耗，电磁骚扰问题也比较突出。

7 新一代脉冲宽度调制PWM输出方式的控制电路

新一代脉冲宽度调制PWM输出方式的控制电路是在改进版基础上演变而来的，只是双风扇输出特性相同，实现了双风扇输出的无级调速。

典型产品是用于德国大众CADDY、TOURASKODA等冷却风扇控制器，安装在发动机舱的冷却风扇上。法国标致308、雪铁龙C4、C6也采用了这一技术。

特点和评析：为综合型智能控制方式，兼有集中式控制和PWM技术的优点，控制电路对发动机及其周围环境参数的考虑已极为全面。有紧急运行模式、堵转、短路、过电压、欠电压、温度过高保护等功能。真正体现了智能化控制。同时与以往的控制方式相比，能效更高，达到了节能降耗的目的，如图5-9所示。

通过对汽车发动机冷却风扇控制技术分类特点评析，可以看出，冷却风扇控制技术从集中式到分体式控制方式的大量采用，使冷却风扇控制的实时性大大提高，即保证在发动机管理系统处理其他工作程序的同时，冷却系统还能实时工作。PWM控制技术的采用，克服了固定风速、有级风速造成能量损失的缺陷，而无级调速更是发挥了这一控制技术的优点。同时，从可靠性角度来看，PWM

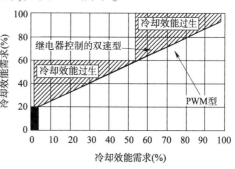

图5-9 冷却效能量对比图

控制技术的采用，提高了控制系统的抗干扰能力，而随之带来的电磁骚扰问题也须十分注意。环保、节能降耗、高性能、智能化必然是冷却风扇控制技术今后的研究方向。

实施作业

1 任务布置

（1）冷却风扇串联电阻高低速控制。
（2）占空比控制冷却风扇转速。

2 任务准备

需要准备以下器材。

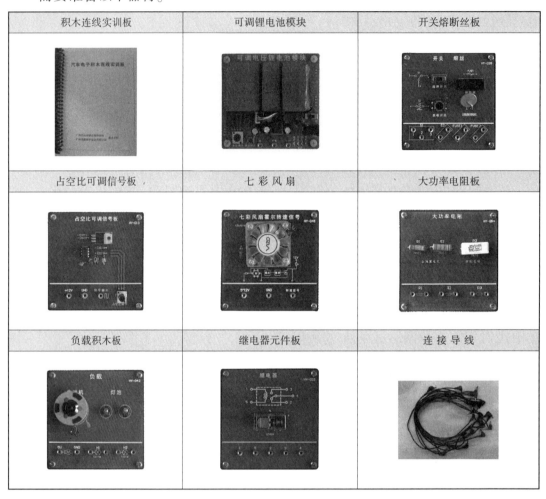

积木连线实训板	可调锂电池模块	开关熔断丝板
占空比可调信号板	七彩风扇	大功率电阻板
负载积木板	继电器元件板	连接导线

3 任务步骤

（1）冷却风扇串联电阻高低速控制。

步骤	图 示	工 作 页
1	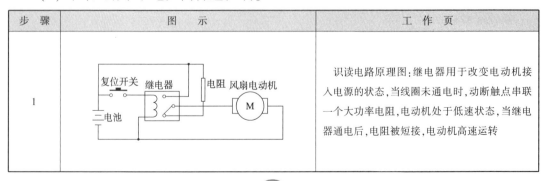	识读电路原理图：继电器用于改变电动机接入电源的状态，当线圈未通电时，动断触点串联一个大功率电阻，电动机处于低速状态，当继电器通电后，电阻被短接，电动机高速运转

158

续上表

步骤	图示	工作页
2	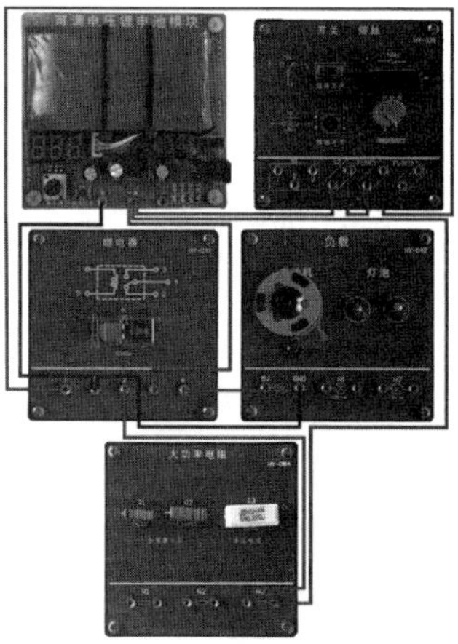	用连接导线按照积木连接示意图连接成完整电路,注意连接前先关闭电源开关
3		检查无误后接通电源,当开关未按下时,风扇电动机和电阻_____,此时风扇转速处于_____
4		当按下开关时,串联的电阻被_____,此时风扇转速处于_____。实际应用中,转换开关可以采用一温控开关,请同学们自己设计电路并验证结果

提示:早期汽车冷却风扇转速控制一般是采用串联一个大功率电阻,通过温度开关控制继电器接入或短接电阻来实现高低速转换,满足不同温度、不同工况下发动机的散热

(2)占空比控制风扇转速。

步骤	图示	工作页
1	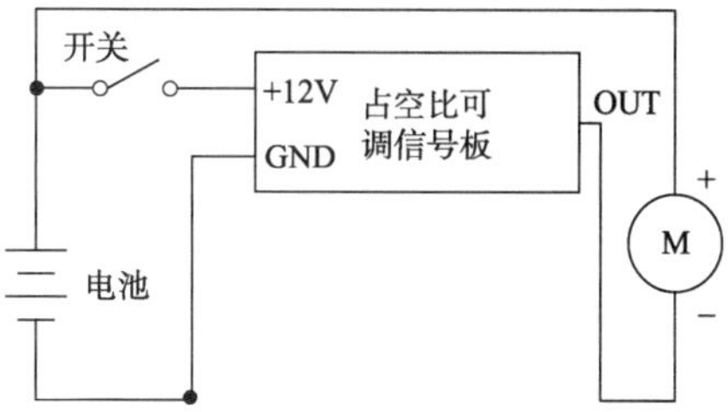	识读电路原理图,通过占空比输出信号控制风扇转速,注意此时连接方式是负极端控制

续上表

步骤	图 示	工 作 页
2		用连接导线按照积木连接示意图连接成完整电路,注意连接前先关闭电源开关
3		检查无误后接通电源,调节占空比,观察风扇转速变化与占空比的关系_____,这种控制方式实现了直流风扇的无级调速。现代电控汽车散热器风扇多采用这种智能控制方式

三 检查控制

检查项目	结果或数据	检查项目	结果或数据	检查项目	结果或数据
连线是否规范		是否认真观察实训现象		是否单独完成工作页	
是否出现异常现象		测量数据是否准确		是否严格执行6S管理	

四 评价与反馈

1 自我评价

在知识与技能方面的收获	掌握的程度		
	牢固掌握	基本掌握	模糊不清
能够说明发动机散热的必要性			
能够简单比较各种散热风扇控制电路的特点			
能够连接积木风扇转速控制电路,调试电路并进行电路原理分析			

项目五 占空比控制及应用

续上表

在知识与技能方面的收获	掌握的程度		
	牢固掌握	基本掌握	模糊不清
能够独立设计一种自动温度风扇控制电路并验证结果			
希望自我改进的地方		希望教师改进的地方	
实训小组学生：		完成时间：　　年　　月　　日	

2 小组和教师对本学习任务进行评价

考核项目	评分标准	分数	学生自评（权重20%）	小组互评（权重60%）	教师评价（权重20%）	小计
团队合作	是否协调信任	5				
活动参与	是否积极主动	5				
安全实训	有无安全隐患	10				
现场6S	是否做到	10				
任务方案	是否正确、合理	5				
实训过程	是否独立完成实训；工作页完成情况	40				
任务完成情况	是否圆满完成	5				
工具和设备使用	是否规范、标准	10				
问答	是否能够回答正确	5				
实训设备	是否完好	5				
总　　分		100				
教师签名：			年　月　日		得分	

项目六 汽车传感器与信号处理

项目描述

传感器是汽车计算机系统的输入装置,它把汽车运行中各种工况信息,如车速、各种介质的温度、发动机运转工况等,转化成电信号输给计算机,以便发动机处于最佳工作状态。本项目我们通过学习电控系统中不同性质传感器的特性、原理及检测方法,为后续课程打下坚实的基础。

学习任务一 汽车光电阳光传感器

学习目标

◎ 知识目标
1. 理解光敏二极管的工作原理与特性。
2. 会比较光敏二极管与普通二极管的异同。

◎ 技能目标
1. 掌握用万用表测量光电二极管。
2. 掌握光敏二极管的简单电路的连接与分析。

◎ 素质目标
1. 规范实训6S管理。
2. 养成团队协作的好习惯。
3. 养成独立思考问题的好习惯。

项目六　汽车传感器与信号处理

 建议完成本学习任务的时间为 4 课时。

 学习任务描述

光电二极管在汽车上通常制成光电转速传感器,在自动空调上制成光电阳光传感器。一辆本田奥德赛轿车自动空调失灵,怀疑是阳光传感器出问题,需要你进行检修。

 学习内容

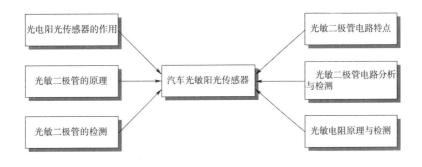

 知识准备

引导问题 1　什么是传感器?有哪些部分组成?

传感器是指能感受规定的物理量,并按一定规律转换成可用输入信号的器件或装置。简单地说,传感器是把非电量转换成电量的装置。

传感器通常由敏感元件、转换元件和测量电路三部分组成。

(1)敏感元件。是指能直接感受(或响应)被测量的部分,即将被测量通过传感器的敏感元件转换成与被测量有确定关系的非电量或其他量。

(2)转换元件。是将上述非电量转换成电参量的元件。

(3)测量电路。其作用是将转换元件输入的电参量经过处理转换成电压、电流或频率等可测参量,以便进行显示、记录、控制和处理的部分。

引导问题 2　什么是光敏二极管?其工作原理是怎样的?

光敏二极管(图 6-1)和普通二极管一样,也是由一个 PN 结组成的半导体器件,也具有单方向导电特性。但在电路中它不是作整流元件,而是把光信号转换成电信号的光电传感器件。

图6-1 光敏二极管

原理:普通二极管在反向电压作用时处于截止状态,只能流过微弱的反向电流,光敏二极管在设计和制作时尽量使PN结的面积相对较大,以便接收入射光。光敏二极管是在反向电压作用下工作的,没有光照时,反向电流极其微弱,称为暗电流;有光照时,反向电流迅速增大到几十微安,称为光电流。光的发光强度越大,反向电流也越大。光的变化引起光敏二极管电流变化,这就可以把光信号转换成电信号,成为光电传感器件。

引导问题3 光敏二极管有哪些主要技术参数?

1 最高反向工作电压

此电压为光敏二极管反向工作时不足以使其击穿的最高电压。

2 暗电流

暗电流又称无照电流,是指没有光照时,光敏二极管产生的反向电流,反向电流很小(一般小于0.1μA)。

引导问题4 光敏二极管的种类有哪些?各自的特性与用途怎样?

1 PN 型

(1)特性:优点是暗电流小,一般情况下,响应速度较低。
(2)用途:照度计、彩色传感器、光敏晶体极管、线性图像传感器、分光光度计、照相机曝光计。

2 PIN 型

(1)特性:因 PN 结容量低,故可获得快速响应,缺点是暗电流大。
(2)用途:高速光的检测、光通信、光纤、遥控、光敏晶体极管、写字笔、传真。

3 发射键型

(1)特性:使用 Au 薄膜与 N 型半导体结代替 P 型半导体。

(2)用途:主要用于紫外线等短波光的检测。

4 雪崩型

(1)特性:相应速度非常快,因具有倍速作用,故可检测微弱光。

(2)用途:高速光通信、高速光检测。

引导问题5 什么是光敏电阻？阳光传感器如何检测？

1 光敏电阻

光敏电阻是利用半导体的光电效应制成的。在受光时,半导体受光照产生载流子,由一电极到达另一电极,有效地参与导电,从而使光敏半导体的电阻率发生变化。光照强度越强,电阻越小;光照强度越弱,电阻越大。例如:自动空调上的阳光传感器。

2 阳光传感器的检测

在强光下测量,电阻为 4kΩ 左右,用布遮住阳光传感器,电阻为∞,如图 6-2 所示。

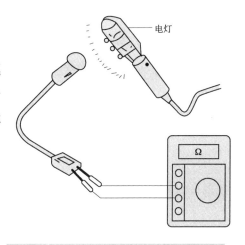

图 6-2　阳光传感器检测

引导问题6 在汽车上阳光传感器应用在哪里？

阳光传感器安装在仪表板中央上部,除霜出风口旁。阳光传感器反映日光照射强度,这个输入用来测量作用在车辆乘客身上的阳光热效应,并以电压的大小传送信号给控制模块 ECU 来控制鼓风机的转速以及冷气出风的温度,如图 6-3 所示。

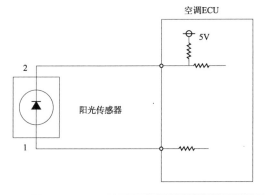

图 6-3　凌志 LS400 工作原理图

引导问题7 光电转速传感器的工作原理及特点？

汽车光电式转速传感器由带槽的遮光板、发光二极管、光耦合器、光敏晶体管等组成,如图6-4所示。光源(发光二极管)经随车轮传动的光栅盘变为断续光,致使光断续器中的光敏三极管通断运行,经电路的放大整形后,输出与转速成比例的方波脉冲列。

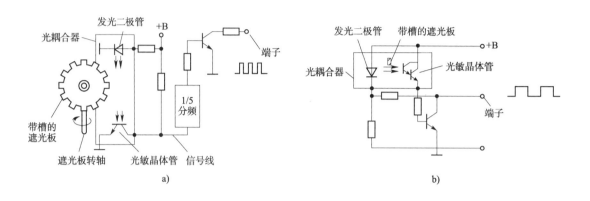

图6-4 光电式转速传感器的工作原理

二、实施作业

1 任务布置

（1）光敏电阻的测量。
（2）光敏传感器特性实训。
（3）光敏二极管的检测。
（4）阳光传感器特性实训。

2 任务准备

需要准备以下器材。

积木连线实训板	万用表	可调锂电池模块	敏感电阻积木板

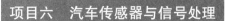

续上表

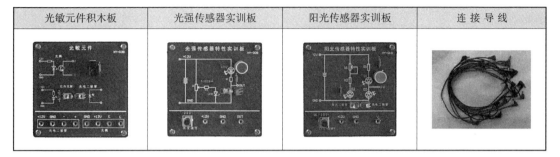

| 光敏元件积木板 | 光强传感器实训板 | 阳光传感器实训板 | 连接导线 |

3 任务步骤

（1）光敏电阻的测量。

步　骤	图　　示	工　作　页
1		阅读知识链接，识读光敏电阻的结构示意图
	知识链接：什么是光敏电阻？其工作原理是怎样的？ 光敏电阻是利用半导体的光电效应制成的一种电阻值随入射光的强弱而改变的电阻器；入射光强，电阻减小，入射光弱，电阻增大。光敏电阻的工作原理是基于内光电效应。在半导体光敏材料两端装上电极引线，将其封装在带有透明窗的管壳里就构成光敏电阻，为了增加灵敏度，两电极常做成梳状。用于制造光敏电阻的材料主要是金属的硫化物、硒化物和碲化物等半导体。通常采用涂敷、喷涂、烧结等方法，在绝缘衬底上制作很薄的光敏电阻体及梳状欧姆电极，接出引线，封装在具有透光镜的密封壳体内，以免受潮影响其灵敏度。 光敏电阻没有极性，纯粹是一个电阻器件，使用时既可加直流电压，也加交流电压	
2		用万用表电阻挡连接光敏电阻接线端子，选择合适的量程，在没有遮光时光敏电阻的阻值为_____（环境不同测量结果会有较大偏差）
3		用手的一部分遮住光敏电阻，可以看到阻值发生明显变化，此时光敏电阻的阻值为_____

续上表

步骤	图　示	工　作　页
4	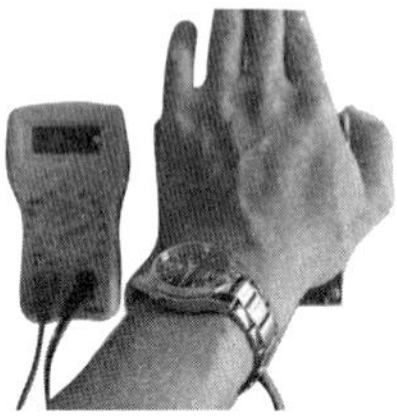	用手完全遮住光敏电阻，此时光敏电阻的阻值为_____，从实训中我们可以得出光敏电阻的特性是随光照强度的增加阻值_____

(2) 光敏传感器特性实训。

步骤	图　示	工　作　页
1	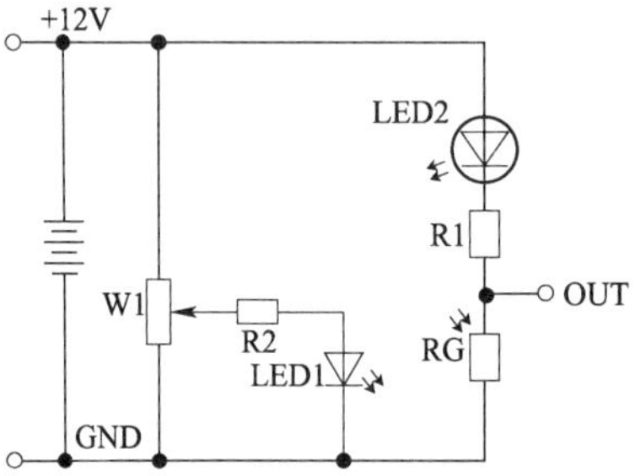	识读原理图，电位器 W1 控制 LED1 的电流，从而控制 LED1 的_____，光敏电阻接收 LED1 的光，从而改变阻值，控制 LED2 的电流，从而控制它的亮度，输出端 OUT 测量的是_____的电压
2	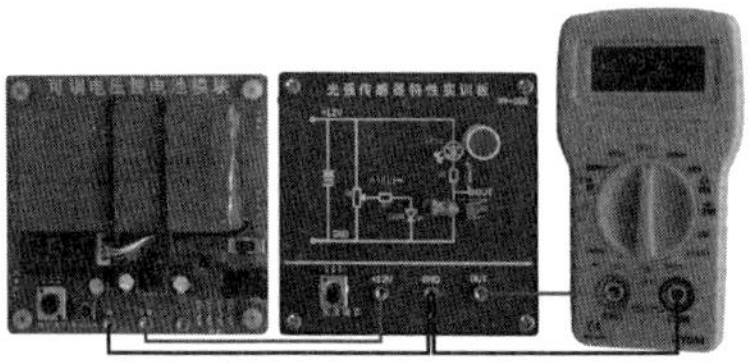	用连接导线按照积木连接示意图连接成完整电路，注意连接前先关闭电源开关
3	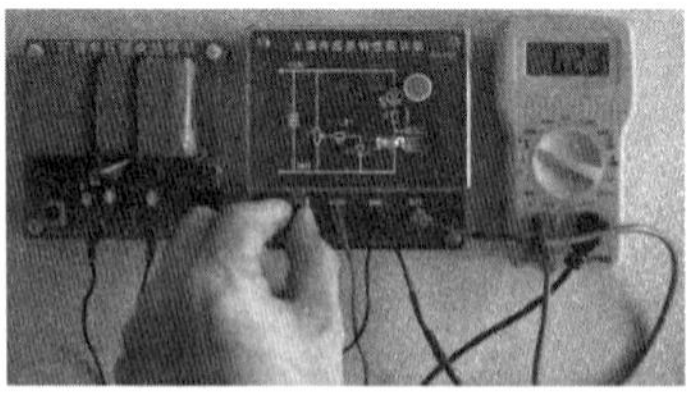	检查无误后接通电源，万用表调至直流电压 20V 挡，从左至右旋转电位器，观察各个 LED 和万用表读数的变化。当光照较弱时，光敏电阻两端的电阻较_____，输出电压_____，LED2 的亮度_____
4	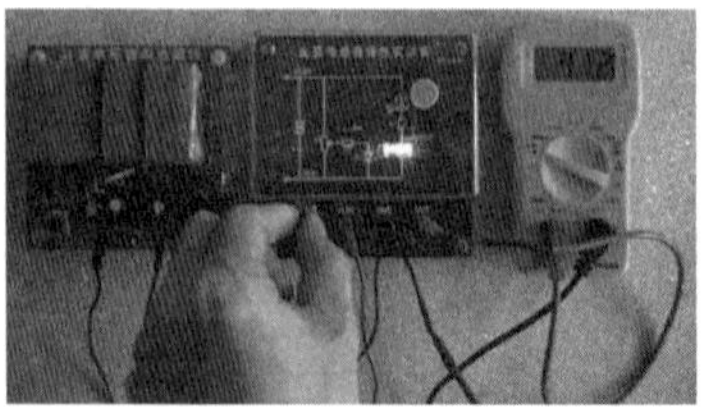	当光照较强时，光敏电阻两端的电阻较_____，输出电压_____，LED2 的亮度_____

(3) 光敏二极管的检测。

步骤	图 示	工 作 页
1		按照示意图连接实际电路(参考知识链接)
	知识链接:如何检测光敏二极管的好坏? (1)电阻测量法:用万用表欧姆挡,光敏二极管正向电阻为10kΩ左右。在无光照情况下,反向电阻为∞时,这光敏二极管是好的(反向电阻不是∞时说明漏电流大);有光照时,反向电阻随光照强度增加而减小,阻值可达到几千欧姆或1kΩ以下,则光敏二极管是好的;若反向电阻都是∞或为零,则光敏二极管是坏的。 (2)电压测量法:用万用表2V挡,用红表笔接光敏二极管"＋"极,黑表笔接"－"极,在光照下,其电压与光照强度成比例,一般可达0.2~0.4V	
2		无遮光环境下用万用表二极管挡测量光敏二极管两端,其正向电阻值为_____
3		无遮光环境下用万用表电阻挡测量光敏二极管两端,其反向电阻值为_____(测量数值随环境亮度变化较大)
4		用万用表直流电压2V挡测量,无光照或微光照时其两端电压_____;极性_____
5		用万用表直流电压2V挡测量,有光照时其两端电压_____;极性_____

(4) 阳光传感器特性实训。

步 骤	图 示	工 作 页
1	(电路原理图：W1、R1、R2、D1、D2、D3、V)	识读电路原理图，电路分两部分，一部分是 LED 亮度控制电路，另一部分是光敏二极管接收电路
2	(实训器材照片)	用连接导线按照积木连接示意图连接成完整电路，注意连接前先关闭电源开关
3	(实训器材照片)	检查无误后接通电源，万用表调到直流电压 20V 挡，从左至右调节发光二极管 D2 亮度电位器，观察 D1 亮度变化，并记录相关数据
4	(实训器材照片)	我们可以看到随发光二极管 D2 亮度的增强光敏二极管两端的电压的变化范围_____，同时发光二极管 D1 亮度变化的情况是_____

三 检查控制

检查项目	结果或数据	检查项目	结果或数据	检查项目	结果或数据
连线是否规范		是否认真观察实训现象		是否单独完成工作页	
是否出现异常现象		测量数据是否准确		是否严格执行 6S 管理	

项目六 汽车传感器与信号处理

四 评价与反馈

1 自我评价

在知识与技能方面的收获	掌握的程度		
	牢固掌握	基本掌握	模糊不清
能够说明光敏二极管的工作原理			
能够比较光敏二极管与普通二极管的异同			
能够用万用表检测光敏二极管的性能			
能够说明光敏电阻的原理并检测光敏电阻			
能够连接光敏传感器特性实训电路并分析电路			
能够连接阳光传感器特性实训电路并分析电路			
希望自我改进的地方		希望教师改进的地方	
实训小组学生:		完成时间: 年 月 日	

2 小组和教师对本学习任务进行评价

考核项目	评分标准	分数	学生自评（权重20%）	小组互评（权重60%）	教师评价（权重20%）	小计
团队合作	是否协调信任	5				
活动参与	是否积极主动	5				
安全实训	有无安全隐患	10				
现场6S	是否做到	10				
任务方案	是否正确、合理	5				
实训过程	是否独立完成实训；工作页完成情况	40				
任务完成情况	是否圆满完成	5				
工具和材料使用	是否规范、标准	10				
问答	是否能够正确回答	5				
实训设备	是否完好	5				
总 分		100				
教师签名:			年 月 日		得分	

学习任务二 爆震传感器（压电陶瓷）

学习目标

◎ **知识目标**
1. 理解电控系统爆震传感器的作用。
2. 理解压电陶瓷的特性原理。

◎ **技能目标**
1. 掌握压电陶瓷的检测。
2. 掌握压电陶瓷简单的应用电路。
3. 初步掌握爆震传感器输出信号波形分析。

◎ **素质目标**
1. 规范实训6S管理。
2. 养成团队协作的好习惯。
3. 养成独立思考问题的好习惯。

 建议完成本学习任务的时间为2课时。

 学习任务描述

爆震传感器实质就是压电陶瓷，压电陶瓷的原理是压电效应，这种效应可互逆。一辆大众波罗轿车，要求你找到其爆震传感器，并测量好坏。

 学习内容

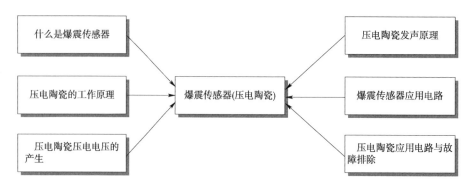

一、资料收集

引导问题1 什么是压电陶瓷?

压电陶瓷是一种能够将机械能和电能互相转换的陶瓷材料,属于无机非金属材料,是一种具有压电效应的材料。

引导问题2 什么是压电效应?有何作用?

所谓压电效应是指某些介质在力的作用下,产生形变,引起介质表面带电,这是正压电效应。反之,施加激励电场,介质将产生机械变形,称逆压电效应。这种奇妙的效应已经被科学家应用在与人们生活密切相关的许多领域,以实现能量转换、传感、驱动、频率控制等功能。

引导问题3 什么是爆震?

爆震传感器作用于点火系统中。爆震是指燃烧室内的终燃混合气产生自燃的不正常现象,由于爆震会产生高强度的压力波冲击燃烧室,所以不仅能听到尖锐的金属声,还会对发动机的部件产生较大的影响,点火时间过早是产生爆震的主要原因。为了使发动机以最大功率运行,最好能把点火时间提前到发动机刚好不至于发生爆震的极限范围,所以必须在点火系统中增设爆震传感器。

引导问题4 为什么汽车要使用爆震传感器?

发动机在一般情况会随着点火提前角的增大,发生爆震的可能性增大,对已发生过爆震的发动机通过减小点火提前角,即可消除爆震。但汽车中只有在发生爆震的时候功率才是最大的,由于爆震时压力和温度都会急剧升高,长时间的爆震会损坏汽缸和火花塞,故又不能使发动机长时间爆震。这个矛盾需要用爆震传感器来解决,在爆震传感器检测到爆震时就减小点火提前角,减小到一定度数后又需要不断增大点火提前角,至爆震点时,又开始减小,如此往复循环就可使汽车既不发生爆震而且功率又最大。因此,爆震传感器是发动机电子控制系统中必不可少的部件,它的功用是检测发动机有无爆震现象,并将信号送入到发动机 ECU。

发动机 ECU 依据该信号控制调整点火提前角来避免发动机发生爆震并维持发动机处于最大功率状态。

引导问题5　汽车爆震传感器的类型、组成及工作原理分别是什么？

常见的爆震传感器有两种，一种是压电式爆震传感器，另一种是磁致伸缩式爆震传感器。

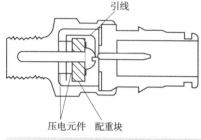

图6-5　压电式爆震传感器的结构

1　压电式爆震传感器

压电式爆震传感器利用结晶或陶瓷多晶体的压电效应而工作，也有利用掺杂硅的压电电阻效应的。如图6-5所示，该传感器的外壳内装有压电元件、配重块及导线等。其工作原理是：当发动机的汽缸体出现振动且振动传递到传感器外壳上时，外壳与配重块之间产生相对运动，夹在这两者之间的压电元件所受的压力发生变化，使其输出的电压信号发生变化，ECU 检测出该电压并根据其值的大小判断爆震强度。

2　磁致伸缩式爆震传感器

磁致伸缩式爆震传感器的内部有永久磁铁、靠永久磁铁激磁的强磁性铁芯以及铁芯周围的线圈，如图6-6所示。其工作原理是：当发动机的气缸体出现振动时，该传感器在 7kHz 左右处与发动机产生共振，强磁性材料铁芯的磁导率发生变化，致使永久磁铁穿过铁芯的磁通密度也变化，从而在铁芯周围的绕组中产生感应电动势，并将这一电信号输入ECU。此种传感器组件仅能检测出 7kHz 左右振动而形成的电压。

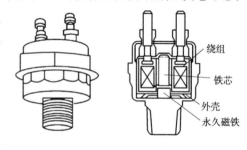

图6-6　磁致伸缩式爆震传感器的外形与结构

二　实施作业

1　任务布置

（1）压电陶瓷的测量。

（2）有源蜂鸣器发声。

项目六　汽车传感器与信号处理

(3)音乐 IC 驱动压电陶瓷片。

(4)汽车爆震传感器特性实训。

2 任务准备

需要准备以下器材。

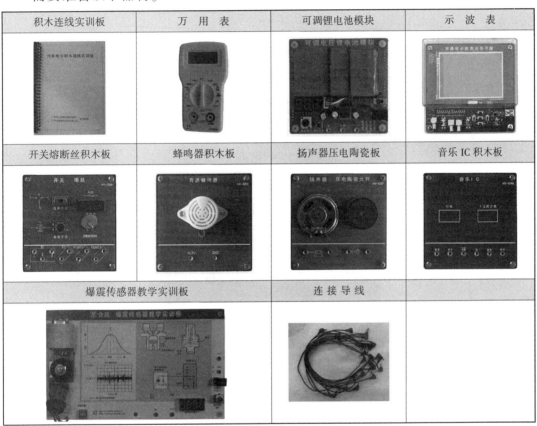

积木连线实训板	万用表	可调锂电池模块	示波表
开关熔断丝积木板	蜂鸣器积木板	扬声器压电陶瓷板	音乐 IC 积木板
爆震传感器教学实训板	连接导线		

3 任务步骤

(1)压电陶瓷的测量。

步骤	图示	工作页
1		按照积木连接示意图连接好电路,检查无误后开始实训观察并填写相关数据

续上表

步骤	图示	工作页
2	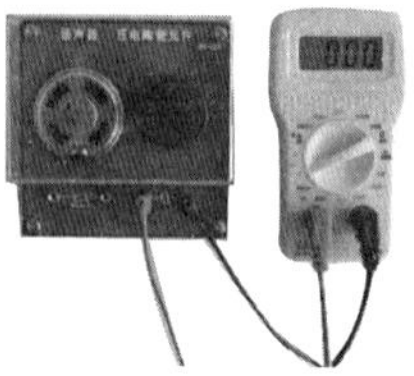	用万用表交流电压2V挡接在压电陶瓷两端，在静止状态下，压电陶瓷两端的电压为_____
3	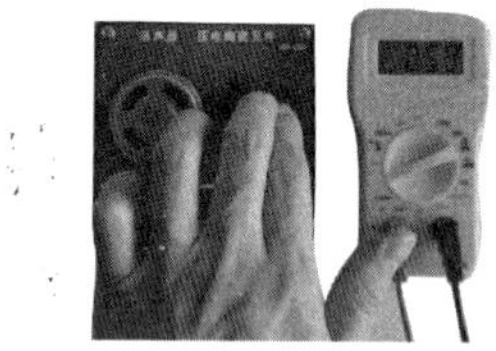	用手轻敲压电陶瓷，此时压电陶瓷两端的电压为_____，增加敲打力度，电压的变化_____说明_____。压电陶瓷输出的是_____（填写交流电或直流电）

（2）有源蜂鸣器发声。

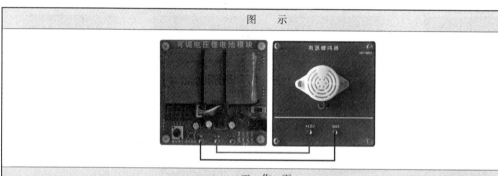

图示
工作页

知识链接：压电式蜂鸣器主要由多谐振荡器、压电蜂鸣片、阻抗匹配器及共鸣箱、外壳等组成。多谐振荡器由晶体管或集成电路构成。当接通电源后(1.5~15V 直流工作电压)，多谐振荡器起振，输出 1.5~2.5kHz 的音频信号，阻抗匹配器推动压电蜂鸣片发声。压电蜂鸣片由锆钛酸铅或铌镁酸铅压电陶瓷材料制成。在陶瓷片的两面镀上银电极，经极化和老化处理后，再与黄铜片或不锈钢片粘在一起。

完成有源蜂鸣器实训积木板的连接，填写工作页。

有源蜂鸣器是带有内部振荡电路的压电陶瓷发声器件，通电12V，可自行产生蜂鸣报警声音。连接好图示电路，检查无误后接通电压，此时蜂鸣器应发出清脆响亮的间歇蜂鸣声，说明此时压电陶瓷的能量转换过程。_____

（3）音乐IC驱动压电陶瓷片。

步骤	图示	工作页
1	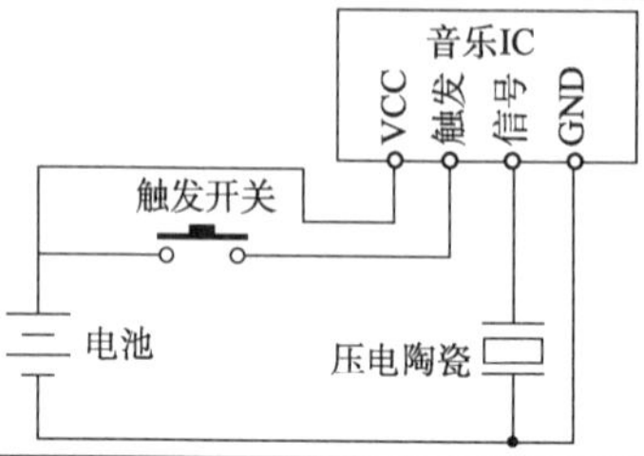	识读电路原理图，说明每个积木板的作用。 电源：_____ 音乐IC：_____ 压电陶瓷：_____ 触发开关：_____

续上表

步骤	图 示	工 作 页
2		用连接导线按照积木连接示意图连接成完整电路,注意连接前先关闭电源开关
3		检查无误后接通电源,音乐 IC 产生的声音信号通过压电陶瓷发声,此时压电陶瓷的作用原理是_____转变成_____
4		音乐 IC 演奏完曲目后需要重新触发,用手按下触发开关便可重新输出音乐信号。压电陶瓷发声经常用于节日卡片电子乐曲上

(4)汽车爆震传感器特性实训。

图 示

工 作 页

知识链接:什么是爆震传感器?有何作用?

爆震传感器装在发动机缸体中间,用来测定发动机抖动度。当发动机产生爆震时用来调整点火提前角。一般是压电陶瓷式,当发动机有抖动时里面的陶瓷受到挤压产生一个交流电信号,产生的交流信号随发动机爆震程度的增加而升高。因为这个电信号很弱,所以爆震传感器的连接线上都用屏蔽线包裹。

完成汽车爆震传感器特性实训积木板的连接,填写工作页。

外观认识:该汽车爆震传感器特性实训板由爆震传感器、振动电动机、电动机转速调节电位器、爆震传感器输出电压显示等组成,输出端子的名称是_____。

特性观察:连接好图示电路,检查无误后接通电源,从左至右旋转振动频率调节电位器,观察信号电压显示数值跟振动频率有何关系?_____;用示波表观察信号输出电压,有何特点?_____。

故障设置模式观察:将积木教学实训板上故障开关的 2 个端子分别断开,观察示波表波形有何变化?_____。

汽车电工电子基础(第二版)

三 检查控制

检查项目	结果或数据	检查项目	结果或数据	检查项目	结果或数据
连线是否规范		是否认真观察实训现象		是否单独完成工作页	
是否出现异常现象		测量数据是否准确		是否严格执行6S管理	

四 评价与反馈

1 自我评价

在知识与技能方面的收获	掌握的程度		
	牢固掌握	基本掌握	模糊不清
能够说明爆震传感器的作用			
能够说明压电陶瓷的工作原理			
能够使用万用表检测压电陶瓷的性能			
能够使用有源蜂鸣器			
能够连接积木音乐IC控制压电陶瓷发声实训,并进行电路原理分析			
能够分析汽车爆震传感器特性			
希望自我改进的地方		希望教师改进的地方	
实训小组学生:		完成时间: 年 月 日	

2 小组和教师对本学习任务进行评价

考核项目	评分标准	分数	学生自评（权重20%）	小组互评（权重60%）	教师评价（权重20%）	小计
团队合作	是否协调信任	5				
活动参与	是否积极主动	5				
安全实训	有无安全隐患	10				
现场6S	是否做到	10				
任务方案	是否正确、合理	5				

续上表

考核项目	评分标准	分数	学生自评（权重20%）	小组互评（权重60%）	教师评价（权重20%）	小计
实训过程	是否独立完成实训；工作页完成情况	40				
任务完成情况	是否圆满完成	5				
工具和材料使用	是否规范、标准	10				
问答	是否能够正确回答	5				
实训设备	是否完好	5				
总　　分		100				
教师签名：			年　月　日		得分	

学习任务三　温度传感器（热敏电阻）

学习目标

◎ **知识目标**
1. 理解热敏电阻的原理特性。
2. 掌握 NTC 热敏电阻的工作特性。

◎ **技能目标**
1. 掌握热敏电阻的检测方法。
2. 初步掌握热敏电阻冷却液温度传感器的应用电路。

◎ **素质目标**
1. 规范实训6S管理。
2. 养成团队协作的好习惯。
3. 养成独立思考问题的好习惯。

 建议完成本学习任务的时间为4课时。

 学习任务描述

　　汽车电控系统中冷却液温度传感器用的是 NTC 热敏电阻，它的特性是阻值随温度升高而变小，冷却液温度传感器信号同时送入发动机 ECU 和仪表冷却液温度显示电路。一辆本田飞度轿车仪表冷却液温度指示偏高，要求你检测冷却液温度传感器。

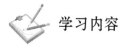

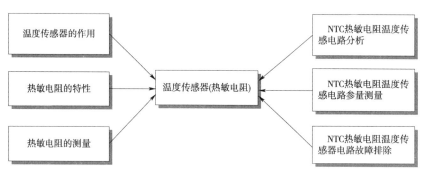

引导问题1 汽车上的哪些地方需要检测温度,都有哪些温度传感器?

应用在汽车上的温度传感器有冷却液温度传感器、进气温度传感器、排气温度传感器、油温度传感器、蒸发器出口温度传感器和车内(外)温度传感器等。其作用是检测气体、液体的温度,并把检测结果转换成电信号输入给发动机 ECU。汽车上的冷却液、进气管、蒸发器出口、车内外等处的温度检测普遍采用 NTC 热敏电阻。

引导问题2 温度传感器都有哪些分类,各自都有何特点?

按照结构原理分类:有热电耦式、线绕电阻式、热敏电阻式等,其特点是:
(1)线绕电阻式温度传感器精度高,但响应特性差。
(2)热敏电阻式温度传感器灵敏度高,响应特性较好,但线性差,适应温度较低。
(3)热电偶温度传感器精度高,测量温度范围宽,但需要配合放大器和冷端处理器使用。

引导问题3 发动机冷却液温度传感器是如何工作的?

热敏电阻式冷却液温度传感器一般安装在发动机缸体、缸盖的水套或节温器壳内并伸入水套中,与冷却液接触,用来检测发动机的冷却液温度。冷却液温度传感器内部是一个半导体热敏电阻,如图 6-7 所示。

热敏电阻式冷却液温度传感器的外观与结构如图6-7a)所示。这种传感器是利用热敏电阻阻值随温度的变化而变化这一特性来检测温度的。传感器的温度特性如图6-7b)所示。当温度较低时,传感器的阻值很大;反之,当温度升高时,其阻值减小。

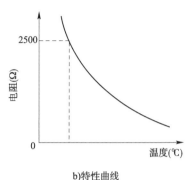

a)外形　　　　　　　　　　b)特性曲线

图6-7　热敏电阻式冷却液温度传感器的外观与特性曲线

引导问题4　热敏电阻式进气温度传感器的检测方法？

进气温度传感器结构组成如图6-8a)所示,工作原理如图6-8b)所示。当信号THA的电压高时,即热敏电阻值大,ECU可判断进气温度低,空气密度大,单位体积的空气质量大,同样的进气体积流量,则进气质量流量大,应适量增加喷油量;反之,适量减少喷油量。

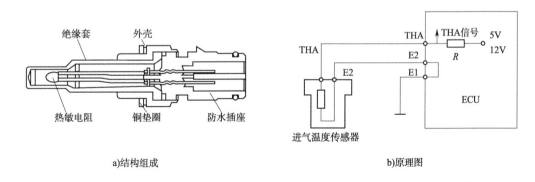

a)结构组成　　　　　　　　　　b)原理图

图6-8　进气温度传感器原理图

当进气温度传感器出现故障时,会使混合气过浓或过稀,使发动机工作不稳,这时应检查进气温度传感器。

(1)开路的检测:测电阻,应随温度变化并与规定值相符。

(2)在路的检测:测量电源电压;测量信号电压。

二 实施作业

1 任务布置

（1）热敏电阻的特性检测。
（2）NTC 温度传感器特性实训。
（3）汽车水温传感器特性实训。

2 任务准备

需要准备以下器材。

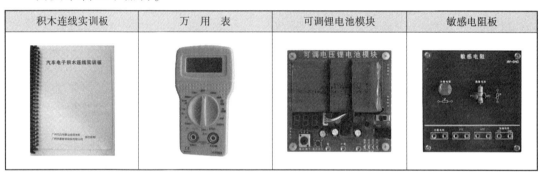

积木连线实训板	万 用 表	可调锂电池模块	敏感电阻板

3 任务步骤

（1）热敏电阻的特性检测。

步 骤	图 示	工 作 页
1		用万用表20k欧姆挡测量 PTC 热敏电阻,用连接导线按照积木连接示意图连接成完整电路,注意连接前先关闭电源开关
2		在常温情况下,PTC 热敏电阻的阻值为_____,接通加热电阻,PTC 热敏电阻的阻值变化范围_____,说明_____

续上表

步骤	图示	工作页
3	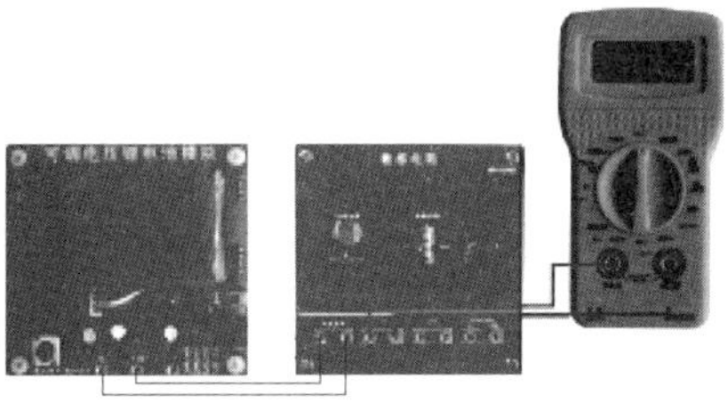	用万用表20k欧姆挡测量NTC热敏电阻,用连接导线按照积木连接示意图连接成完整电路,注意连接前先关闭电源开关
4	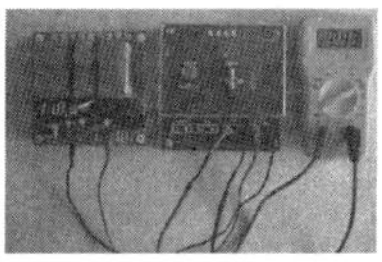 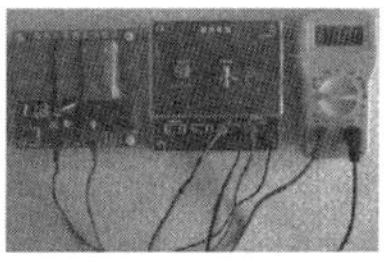	在常温情况下,NTC热敏电阻的阻值为_____;接通加热电阻,NTC热敏电阻阻值变化范围_____,说明_____

(2) NTC温度传感器特性实训。

步骤	图示	工作页
1	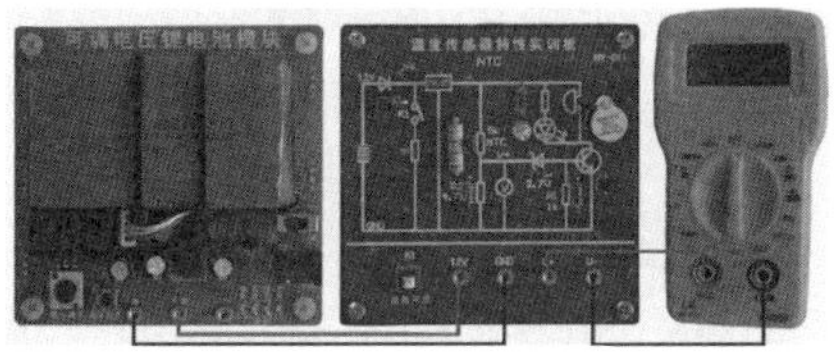	用连接导线按照积木连接示意图连接成完整电路,注意连接前先关闭电源开关
2	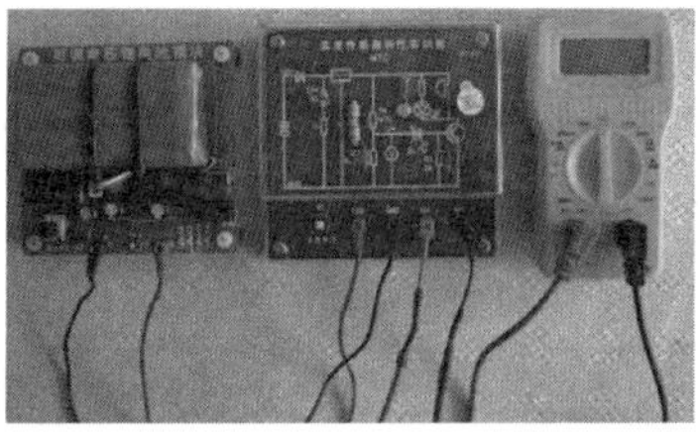	检查无误后接通电源,未按下加热开关时,温度_____,NTC温度传感器电阻_____,三极管_____,输出信号电压为_____,指示灯_____,蜂鸣器不响
3	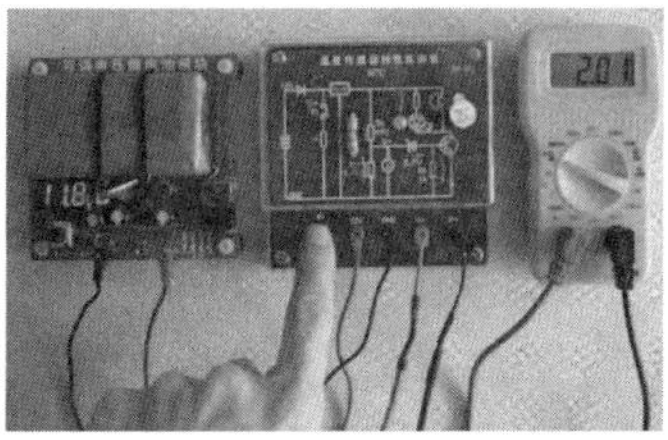	按下加热开关时,温度_____,NTC的电阻变化范围_____,三极管_____,指示灯_____,输出信号电压为_____,蜂鸣器_____

步骤	图示	工作页
4		当加热到一定程度时,输出信号电压为_____时,蜂鸣器_____

(3) 汽车冷却液温度传感器特性实训。

图 示
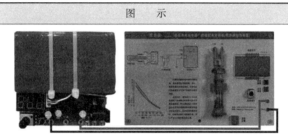
汽车冷却液温度传感器特性实训连接示意图
工 作 页
知识链接:什么是汽车冷却液温度传感器?
冷却液温度传感器,它的内部是一个半导体热敏电阻,安装在发动机缸体或缸盖的水套上,与冷却液直接接触,从而测得发动机冷却液的温度。温度愈低,电阻愈大;反之电阻愈小。电控单元根据这一变化测得发动机冷却液的温度,作为燃油喷射和点火正时的修正号。
完成汽车冷却液温度传感器特性实训积木板的连接,填写工作页。
外观认识:冷却液温度传感器特性积木板由冷却液温度传感器、温度调节电位器、温度显示组成,密封油性加热电阻产生温度变化让冷却液温度传感器感知,输出端子名称是_____。
特性观察:连接好图示电路,从左至右旋转温度调节电位器,同时用万用表20k欧姆挡测量THW和E2两端电阻,温度显示的变化范围是_____,电阻值的变化范围_____。在发动机 ECU 内有一电阻和传感器串联后接入5V 参考电压,当传感器开路时THW 端的电压为_____V;接入传感器,当冷却液的温度从低到高时,产生 THW 电压信号的变化范围为_____。
故障设置模式观察:将积木教学实训板上故障开关的3个端子分别断开,观察温度显示数值为_____

三 检查控制

检查项目	结果或数据	检查项目	结果或数据	检查项目	结果或数据
连线是否规范		是否认真观察实训现象		是否单独完成工作页	
是否出现异常现象		测量数据是否准确		是否严格执行6S管理	

项目六 汽车传感器与信号处理

四 评价与反馈

1 自我评价

在知识与技能方面的收获	掌握的程度		
	牢固掌握	基本掌握	模糊不清
能够说明热敏电阻的工作原理			
能够区分 PTC 和 NTC 热敏电阻的异同			
能够检测热敏电阻的性能			
能够连接并分析 NTC 温度传感器电路的特性及应用			
能够分析汽车冷却液温度传感器电路的特性及应用			
希望自我改进的地方		希望教师改进的地方	
实训小组学生：		完成时间： 年 月 日	

2 小组和教师对本学习任务进行评价

考核项目	评分标准	分数	学生自评（权重20%）	小组互评（权重60%）	教师评价（权重20%）	小计
团队合作	是否协调信任	5				
活动参与	是否积极主动	5				
安全实训	有无安全隐患	10				
现场6S	是否做到	10				
任务方案	是否正确、合理	5				
实训过程	是否独立完成实训；工作页完成情况	40				
任务完成情况	是否圆满完成	5				
工具和材料使用	是否规范、标准	10				
问答	是否能够正确回答	5				
实训设备	是否完好	5				
总 分		100				
教师签名：			年 月 日		得分	

学习任务四 霍尔转速传感器

学习目标

◎ **知识目标**
1. 掌握识读霍尔传感器中霍尔元件的结构原理图、端子图。
2. 掌握霍尔传感器测量转速的控制机理和波形检测分析。
3. 了解霍尔传感器在汽车中的应用和基本测量。

◎ **技能目标**
1. 掌握使用万用表检测霍尔元件检测方法。
2. 掌握霍尔传感器应用电路的连接。
3. 初步掌握使用示波表测量霍尔传感器波形并分析。

◎ **素质目标**
1. 规范实训6S管理。
2. 养成团队协作的好习惯。
3. 养成独立思考问题的好习惯。

建议完成本学习任务的时间为 **6** 课时。

学习任务描述

霍尔传感器以优越的性能广泛应用于汽车上,当其损坏、出现线路故障时汽车都会点亮仪表故障指示灯,提示驾驶者有故障现象。当我们使用解码器诊断时,又会读到"霍尔传感器信号不良"的故障码,此时我们该如何检测和诊断这个霍尔传感器呢?

学习内容

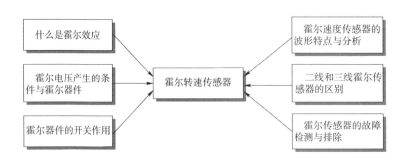

一 资料收集

引导问题 1 什么是霍尔效应?

霍尔效应是指当固体半导体有电流通过,且放置在一个磁场内,导体内的电荷载子受到洛伦兹力而偏向一边,继而产生电压这就是霍尔效应,霍尔效应产生的电压称为霍尔电压,霍尔电压的方向与磁场作用方向有关、与电流大小成正比和半导体厚度成反比。

(1)霍尔效应微观解释:在导体上外加与电流方向垂直的磁场,会使得导线中的电子与空穴受到不同方向的洛伦兹力而往不同方向上聚集,在聚集起来的电子与空穴之间会产生电场,此一电场将会使后来的电子空穴受到电力作用而平衡掉磁场造成的洛伦兹力,使得后来的电子空穴能顺利通过不会偏移,此称为霍尔效应,如图 6-9 所示。

(2)霍尔效应三维物理量关系及输出电特性如图 6-10、图 6-11 所示。

特性:非线性,模拟物理量,输出霍尔电压随磁场强度和电流强度的增大而增大。

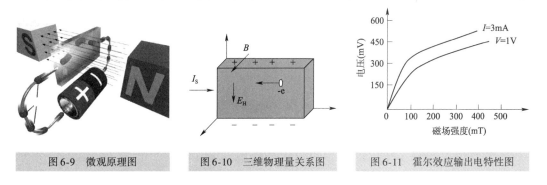

图 6-9 微观原理图　　图 6-10 三维物理量关系图　　图 6-11 霍尔效应输出电特性图

引导问题 2 什么是霍尔传感器?

由于霍尔元件产生的霍尔电势差很小,故通常将霍尔元件与放大器电路、温度补偿电路及稳压电源电路等集成在一个芯片上,称之为霍尔传感器,也称为霍尔集成电路。

引导问题 3 霍尔传感器有何作用?

(1)测量旋转部件的转速和位置。霍尔传感器在汽车电控系统主要应用于测量旋转部件的转速和位置,如用于测量曲轴位置的传感器称为霍尔曲轴位置传感器或称为转速传感器、用于测量凸轮轴位置的传感器称为霍尔凸轮轴位置传感器或称为同步传感器、用于测量轮速或车速的传感器称为霍尔车速传感器。

(2)测量位置和旋转方向。汽车天窗关闭检测传感器、电动转向传感器、座位移动控制、自动变速器挡位、汽车安全带扣锁都广泛使用霍尔开关传感器,如部分欧洲车用于测量自动变速器挡位位置、丰田汽车用于测量座椅位置等。

(3)测量电流大小。门控模块中有霍尔电流传感器,俗称玻璃防夹电流传感器,通过线性霍尔电流传感器检测回路中的电流,当电流过大时,自动收回车窗玻璃。

引导问题4 霍尔开关传感器结构及工作原理如何?

霍尔开关传感器是利用霍尔效应原理经过内部电路变换而成的,在半导体通电状态下磁场作用于霍尔元件而产生霍尔电压,霍尔电压经过施密特整形后变成高低电平驱动场效应管或晶体管导通或断开,从而可以实现对转速或位置的判断。图6-12为霍尔元件引脚。

特别说明:工作电压为4.5~24V,工作电流为3~9mA。

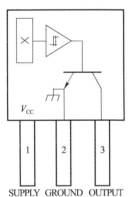

图6-12 霍尔元件引脚

引导问题5 霍尔传感器如何分类?

(1)按功用分为:霍尔凸轮轴位置传感器、霍尔曲轴位置传感器、霍尔转向角度传感器、霍尔座椅位置传感器、霍尔轮速传感器、霍尔变速器挡位传感器等。

(2)按接线方式分为:二线式霍尔传感器、三线式霍尔传感器。

二 实施作业

1 任务布置

(1)霍尔开关元件的认知与测量。
(2)霍尔转速传感器特性测量。
(3)线霍尔凸轮轴位置传感器波形测量和分析。
(4)霍尔转速传感器应用测量。

项目六 汽车传感器与信号处理

2 任务准备

需要准备以下器材。

积木连线实训板	万用表	可调锂电池模块	示波表

霍尔特性积木板	七彩风扇霍尔特性板	磁敏元件	试验用小磁铁
	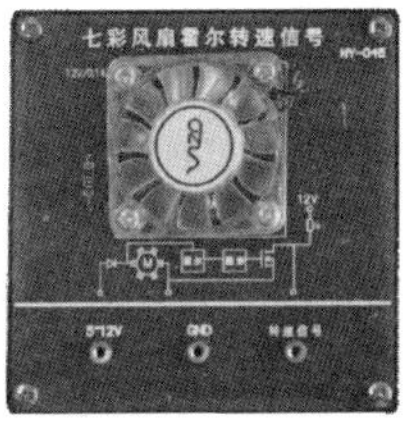	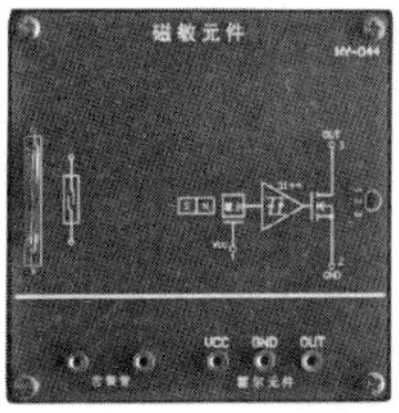	
霍尔式凸轮轴位置传感器实训板		霍尔轮速传感器教学实训板	
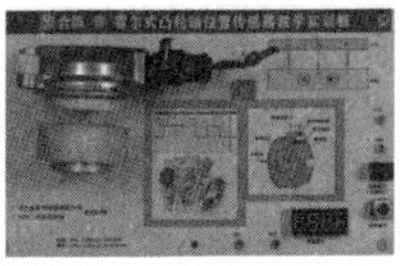		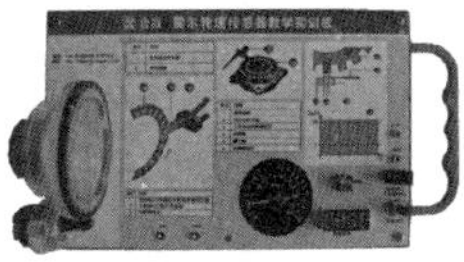	

3 任务步骤

(1) 霍尔开关元件的认识与测量。

步骤	图示	工作页
1	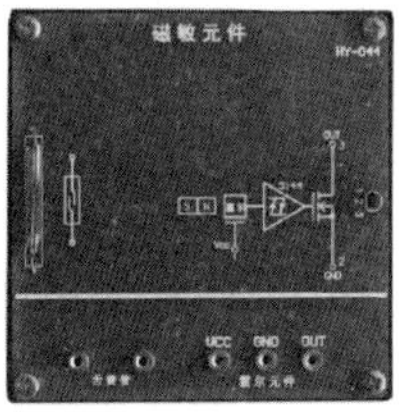	识读积木板上的原理图,认识霍尔元件型号为_____,对照积木板中霍尔元件中端子,填写端子功能 Vcc 为_____,OUT 为_____,GND 为_____
2	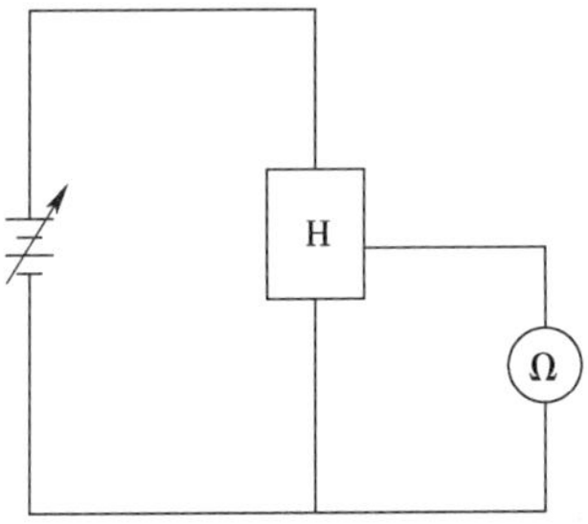	识读霍尔元件性能测试电路原理图,说明每个积木模块的作用。 电源：_____ 霍尔元件：_____ 万用表：_____

续上表

步骤	图 示	工 作 页
3		用万用表测量通电霍尔元件性能,用连接导线按照积木连接示意图连接成完整电路,注意连接前先关闭电源开关
4		检查无误后接通电源,将万用表调至200Ω挡位,没有小磁铁靠近时,霍尔开关元件OUT至GND之间的电阻为_____,表明此时霍尔元件输出端OUT跟GND之间相当于开关_____
5		使用小磁铁靠近霍尔元件,注意极性,观察万用表的读数为_____Ω。表明此时霍尔元件输出OUT与GND之间相当于开关_____,如果无论怎么调换磁场极性,万用表读数都没有什么变化,则说明霍尔元件_____

(2)霍尔转速传感器特性测量。

步骤	图 示	工 作 页
1		用连接导线按照积木连接示意图连接成完整电路,注意连接前先关闭电源开关

提示:霍尔开关元件是一个数字开关,当信号盘上的小磁铁靠近霍尔开关时,产生霍尔电压,此时测量OUT处的电压应当接近0V低电平,此时发光二极管点亮;当触发信号盘上的小磁铁离开霍尔元件时,此时测量OUT处的电压应当为12V高电平,发光二极管熄灭

步骤	图 示	工 作 页
2		将积木板上的电位器旋钮调制最小位置电动机停止运转,慢慢转动电动机上的信号盘,当磁场离开时,观察LED_____,原因是_____
3		将积木板上的电位器旋钮调制最小位置电动机停止运转,慢慢转动电动机上的信号盘,当磁场靠近霍尔元件时,LED_____,原因是_____

续上表

步骤	图 示	工 作 页
4		从左至右调节电动机转速电位器,可以看到LED交替闪烁,说明_____,信号盘转速与LED闪烁频率有何关系?
5	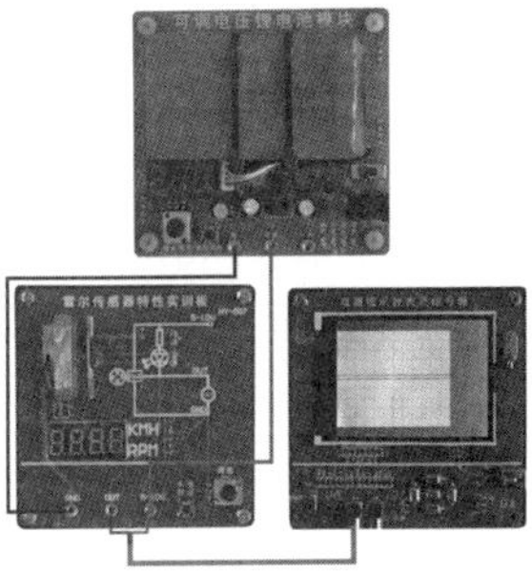	用连接导线按照积木连接示意图连接成完整电路,注意连接前先关闭电源开关
6	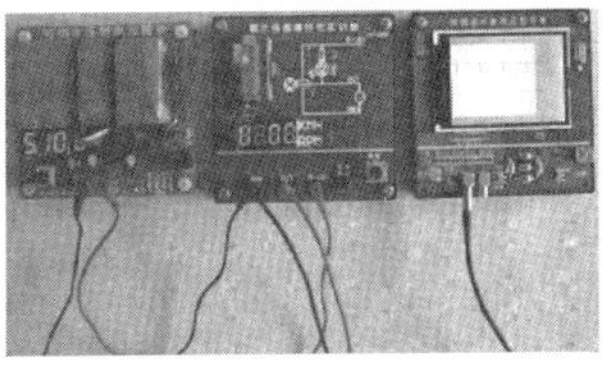	接通电源,打开示波表开关,调节霍尔传感器特性实训板上的电位器旋钮,将转速调节至1000r/min左右,调节示波表测量参数,直至屏幕出现完整的波形图。波形特点与什么因素有关?
7	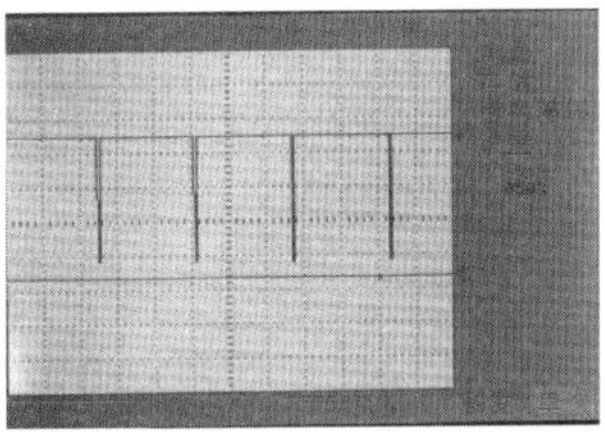	根据波形图我们知道波形参数,数字波形的幅值是_____,频率为_____,请描绘波形并做简要说明。为什么需要接一个上拉电阻?
8	描绘波形	

(3)3线霍尔凸轮轴位置传感器波形测量和分析。

步骤	图 示	工 作 页
1	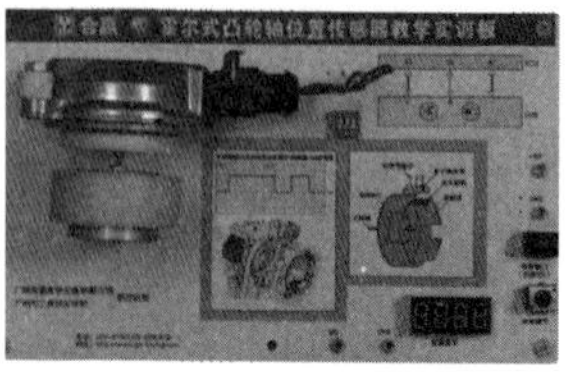	识读积木实训板,该大众帕萨特轿车霍尔凸轮轴位置传感器的结构由_____、_____、_____等组成,信号转盘和汽车_____相连
2	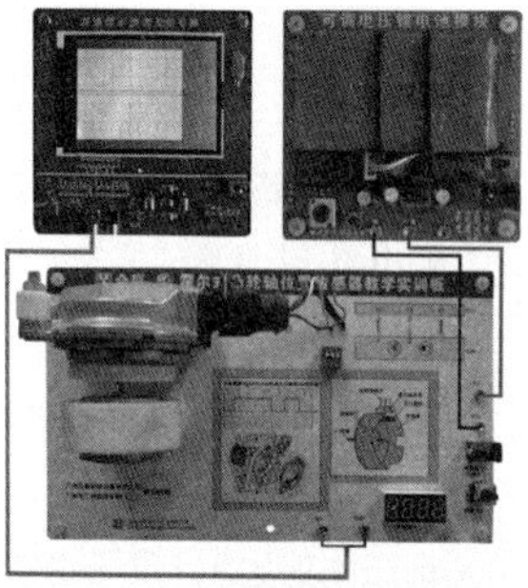	按照示意图连接好实际积木电路,连接无误后接通电源,打开示波表开关,调节示波表电压幅值和时基,调节积木实训板上转速调节旋钮,仔细观察波形并做好相关记录
3	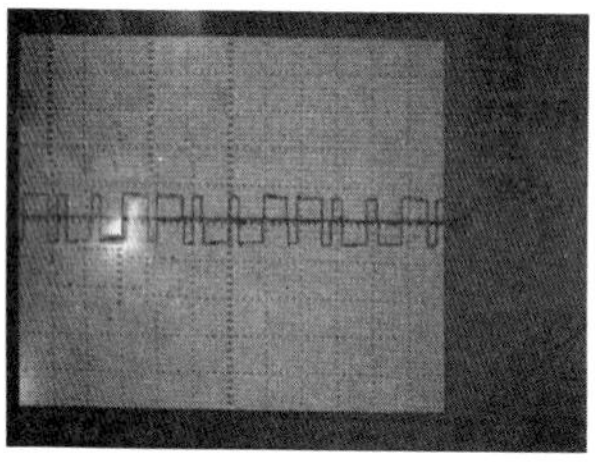	固定一个转速,设置示波表触发方式为单次触发,定格波形,根据波形图得出该波形的幅值为_____,周期为_____,频率为_____。请描绘波形并回答相关问题
4	描绘波形	

思考:同一周期内波形出现宽窄不一,其原因是_____,该形状和汽车的_____有关,代表_____

项目六 汽车传感器与信号处理

(4)霍尔转速传感器应用测量。

步 骤	图 示	工 作 页
1		识读电路原理图,一般霍尔转速传感器直接接上电源,通过磁场感应装置就可以输出信号,我们可以直接用示波表测量分析波形
2		按照原理图连接实际电路,注意连接前先关闭电源开关
知识链接:在计算机或其他工控设备中,我们可以使用软件查看CPU冷却风扇的转速,实际上就是使用霍尔元件进行检测的,在汽车中经常用于测量曲轴位置和转速,也用于测量轮速等,对于传感器外部接线有3条线的霍尔传感器,其结构由永久磁铁、霍尔开关元件、与旋转轴相连的信号盘组成,对于有2条线的霍尔传感器的轮速传感器,其结构由隐形磁环和霍尔集成处理电路组成,测量原理都是采用磁场交替作用于霍尔开关元件而产生数字波形,通过对应的波形分析,可以得到旋转轴位置和转速快慢		
3		检查无误后接通电源,打开示波表开关,耦合方式为交流耦合,进入参数选项,设置合适参数,观察波形,做好相关记录
4		固定一个转速,一般霍尔转速传感器输出的都是矩形波,高电平代表_____,低电平代表_____;此时风扇的转速是_____(r/min),调节电源电压,观察波形变化,波形频率与风扇转速有何关系?_____

续上表

步骤	图示	工作页
5		按照连接示意图连接2线霍尔轮速传感器实训电路,输出信号接入示波表,检查无误后接通电源,打开示波表电源开关,设置示波表参数,观察波形,做好相关记录
6	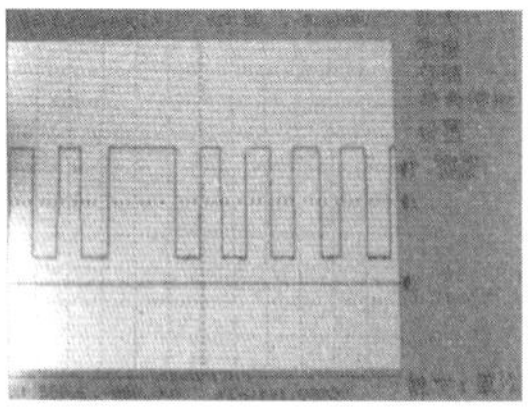	固定一个转速,选择单次触发方式,定格波形,从波形中我们可以看出波形宽窄不一,这与_____有关,你能从波形中计算出此时的转速吗? _____
7		观察实训板,模拟车速表,车速的单位为_____,一般汽车在行驶中发动机转速与车速有何关系? _____

三 检查控制

检查项目	结果或数据	检查项目	结果或数据	检查项目	结果或数据
连线是否规范		是否认真观察实训现象		是否单独完成工作页	
是否出现异常现象		测量数据是否准确		是否严格执行6S管理	

四 评价与反馈

1 自我评价

在知识与技能方面的收获	掌握的程度		
	牢固掌握	基本掌握	模糊不清
能够简单说明霍尔效应原理			
能够检测霍尔元件的性能			
能够分析霍尔转速传感器的电路特性			

续上表

在知识与技能方面的收获	掌握的程度		
	牢固掌握	基本掌握	模糊不清
能够用示波表测量霍尔转速传感器波形并分析波形特点			
能够简单分析霍尔凸轮轴位置传感器电路结构及波形特点			
能够简单分析霍尔转速传感器的应用情况			
希望自我改进的地方		希望教师改进的地方	
实训小组学生：		完成时间：　　　年　　月　　日	

2 小组和教师对本学习任务进行评价

考核项目	评分标准	分数	学生自评（权重20%）	小组互评（权重60%）	教师评价（权重20%）	小计
团队合作	是否协调信任	5				
活动参与	是否积极主动	5				
安全实训	有无安全隐患	10				
现场6S	是否做到	10				
任务方案	是否正确、合理	5				
实训过程	是否独立完成实训;工作页完成情况	40				
任务完成情况	是否圆满完成	5				
工具和材料使用	是否规范、标准	10				
问答	是否能够正确回答	5				
实训设备	是否完好	5				
总　　分		100				
教师签名：			年　　月　　日		得分	

学习任务五 磁电转速传感器

学习目标

◎ 知识目标
1. 理解电磁感应原理。
2. 掌握磁电转速传感器的工作特性。

◎ 技能目标
1. 掌握磁电传感器的检测。
2. 掌握磁电传感器的简单故障排除。
3. 初步掌握磁电传感器输出信号波形分析。

◎ 素质目标
1. 规范实训6S管理。
2. 养成团队协作的好习惯。
3. 养成独立思考问题的好习惯。

 建议完成本学习任务的时间为 **4** 课时。

 学习任务描述

磁电传感器是汽车上常用的转速传感器之一,属于无源(电源)传感器。一辆雪铁龙爱丽舍轿车ABS出现故障,要求你检测车轮转速传感器。

 学习内容

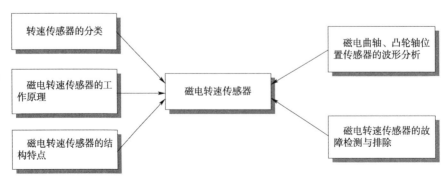

一 资料收集

引导问题 1 什么是磁电感应式传感器?

磁电感应式传感器又称电动势式传感器,是利用电磁感应原理将被测量(如振动、位移、转速等)转换成电信号的一种传感器。它是利用导体和磁场发生相对运动而在导体两端输出感应电动势的。它是一种机—电能量变换型传感器,不需要供电电源,电路简单,性能稳定,输出阻抗小,又具有一定的频率响应范围(一般为 10 ~ 1000Hz),所以得到普遍应用。

引导问题 2 磁电感应式传感器是怎样工作的?

磁电感应式传感器是以电磁感应原理为基础的。由法拉第电磁感应定律可知,线圈在磁场中运动切割磁力线或线圈所在磁场的磁通变化时,线圈中所产生感应电动势的大小取决于穿过线圈磁通的变化率。

磁通量的变化可以通过很多办法来实现,如磁铁与线圈之间做相对运动、磁路中磁阻的变化、恒定磁场中线圈面积的变化等,一般可将磁电感应式传感器分为恒磁通式和变磁通式两类。汽车用磁电式传感器一般是变磁通式。

引导问题 3 变磁通式磁电感应传感器有何工作特性?

变磁通式磁电感应传感器一般做成转速传感器,产生感应电动势的频率作为输出,而电动势的频率取决于磁通变化的频率。变磁通式转速传感器的结构有开磁路和闭磁路两种。图6-13所示为开磁路变磁通式转速传感器。测量齿轮安装在被测转轴上与其一起旋转。当齿轮旋转时,齿的凹凸引起磁阻的变化,从而使磁通发生变化,因而在线圈中感应出交变的电动势,其频率等于齿轮的齿数 z 和转速 n 的乘积,即

$$f = \frac{zn}{60}$$

式中:z——齿轮齿数;

n——被测轴转速(r/min);

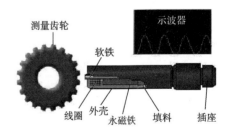

图6-13 开磁路变磁通式转速传感器

f——感应电动势频率(Hz)。

这样当已知 z,测得 f 就知道 n 了。

二 实施作业

1 任务布置

(1)磁电转速传感器波形检测。
(2)磁电式凸轮轴位置传感器特性实训。
(3)磁电式曲轴位置传感器特性实训。

2 任务准备

需要准备以下器材。

积木连线实训板	可调锂电池模块	示 波 表	磁电传感器特性实训板

磁电式凸轮轴位置传感器实训板	磁电式曲轴位置传感器实训板

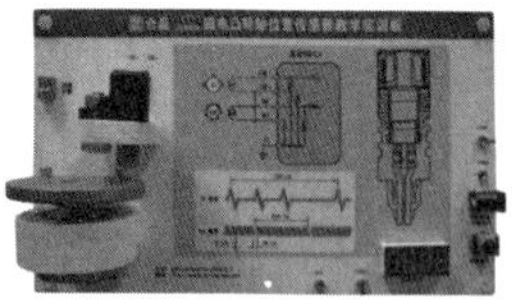

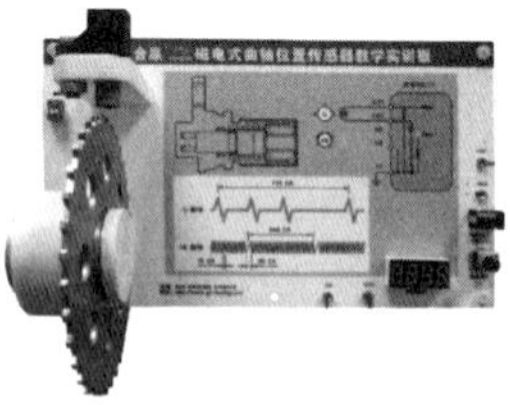

3 任务步骤

(1)磁电转速传感器波形检测。

步　骤	图　　示	工　作　页
1		用连接导线按照积木连接示意图连接成完整电路,注意连接前先关闭电源开关

续上表

步骤	图 示	工 作 页
2		检查无误后接通电源,打开示波表电源,磁电式传感器属于无源传感器,通过感应磁场产生感应电压信号,一般需要对输出波形进行整形
3		从左至右旋转电动机转速调节电位器,调整示波表参数,观察波形变化,并做好相关记录
4		通过观察示波表,可以看到波形的特点是_____,而且频率随转速变化而变化,当转速快时,波形频率会_____。同时描绘在两种转速下的波形图
5	描绘波形	

（2）磁电式凸轮轴位置传感器特性实训。

图 示
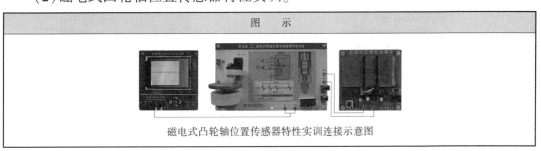
磁电式凸轮轴位置传感器特性实训连接示意图

工 作 页
知识链接:什么是凸轮轴位置传感器？有何作用？ 凸轮轴位置传感器(Camshaft Position Sensor,CPS)又称为汽缸识别传感器(Cylinder Identification Sensor,CIS),为了区别于曲轴位置传感器(CPS),凸轮轴位置传感器一般都用 CIS 表示。凸轮轴位置传感器的功用是采集配气凸轮轴的位置信号,并输入 ECU,以便 ECU 识别汽缸1压缩上止点,从而进行顺序喷油控制、点火时刻控制和爆震控制。此外,凸轮轴位置信号还用于发动机起动时识别出第一次点火时刻。因为凸轮轴位置传感器能够识别哪一个汽缸活塞即将到达上止点,所以称为汽缸识别传感器。 完成磁电式凸轮轴位置传感器特性实训积木板的连接,填写工作页。 外观认识:观察积木实训板,该磁电式凸轮轴位置传感器由_____和_____组成,信号盘和汽车的_____相连。输出端子名称为_____。 输出波形观察与分析:按照积木板上的端子图连接好电源和示波表,检查无误后接通电源。调节示波表参数,固定转速,记录波形形状,根据波形图得出该波形的幅值为_____,周期为_____,频率为_____。仔细观察波形,可以发现输出同一周期内波形出现宽窄不一,其原因是_____,该形状和汽车的_____有关,代表_____。 转速调节模式观察:调节积木实训板上转速调节旋钮,通过观察示波表,可以看到波形随转速变化而变化,当转速快时,波形会_____。同时记录在两种转速下的波形图。 故障设置模式观察:将积木教学实训板上故障开关的3个端子分别断开,观察示波表波形和转速显示,可以观察到波形_____,转速显示为_____ 描绘波形

(3)磁电式曲轴位置传感器特性实训。

图 示
 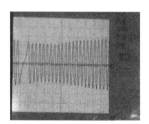 a)连接示意图　　　　　　　　b)波形图

续上表

工 作 页

知识链接:什么是曲轴位置传感器？有何作用？

曲轴位置传感器的作用就是确定曲轴的位置,也就是曲轴的转角。它通常要配合凸轮轴位置传感器一起工作——确定基本点火时刻。我们知道,发动机是在压缩行程末开始点火的,那么发动机 ECU 是怎么知道哪个缸该点火了呢?就是通过曲轴位置传感器和凸轮轴位置传感器的信号来计算的,通过曲轴位置传感器,可以知道哪个汽缸活塞处于上止点,通过凸轮轴位置传感器,可以知道哪个汽缸活塞是在压缩行程中。这样,发动机 ECU 知道了该什么时候给哪个汽缸点火了。同时曲轴位置传感器还可以检测发动机的转速。

完成磁电式曲轴位置传感器特性实训积木板的连接,填写工作页。

外观认识:观察积木实训板,该磁电式曲轴位置传感器由_____和_____组成,信号盘和汽车的_____相连。输出端子名称为_____。

输出波形观察与分析:按照积木板上的端子图连接好电源和示波表,检查无误后接通电源。调节示波表参数,记录输出波的形状,根据波形图得出该波形的幅值为_____,周期为_____,频率为_____。仔细观察波形,可以发现输出同一周期内波形出现一处缺角,其原因是_____,该形状和汽车的_____有关,代表_____。

转速调节模式观察:调节积木实训板上转速调节旋钮,通过观察示波表,可以看到波形随转速变化而变化,当转速快时,波形会_____。同时描绘在两种转速下的波形图。

故障设置模式观察:将积木教学实训板上故障开关的 3 个端子分别断开,观察示波表波形和转速显示,可以观察到波形_____,转速显示为_____。

波形描绘

三 检查控制

检查项目	结果或数据	检查项目	结果或数据	检查项目	结果或数据
连线是否规范		是否认真观察实训现象		是否单独完成工作页	
是否出现异常现象		测量数据是否准确		是否严格执行6S管理	

四 评价与反馈

1 自我评价

在知识与技能方面的收获	掌握的程度		
	牢固掌握	基本掌握	模糊不清
能够说明磁电式传感器的工作原理			
能够连接磁电式转速传感器电路并分析电路结构及波形特点			
能够简单分析磁电式凸轮轴位置传感器电路结构及波形特点			
能够简单分析磁电式曲轴位置传感器电路结构及波形特点			
希望自我改进的地方		希望教师改进的地方	
实训小组学生：		完成时间： 年 月 日	

2 小组和教师对本学习任务进行评价

考核项目	评分标准	分数	学生自评（权重20%）	小组互评（权重60%）	教师评价（权重20%）	小计
团队合作	是否协调信任	5				
活动参与	是否积极主动	5				
安全实训	有无安全隐患	10				
现场6S	是否做到	10				
任务方案	是否正确、合理	5				
实训过程	是否独立完成实训；工作页完成情况	40				
任务完成情况	是否圆满完成	5				
工具和设备使用	是否规范、标准	10				
问答	是否能够正确回答	5				
实训设备	是否完好	5				
总 分		100				
教师签名：			年 月 日		得分	

项目六 汽车传感器与信号处理

学习任务六 节气门位置传感器信号（可变电位器）

◎ **知识目标**
1. 理解节气门位置传感器的作用。
2. 掌握电位器的工作原理。

◎ **技能目标**
1. 掌握使用万用表检测电位器。
2. 掌握电位器的应用电路。
3. 掌握节气门位置传感器的检测和故障排除。

◎ **素质目标**
1. 规范实训6S管理。
2. 养成团队协作的好习惯。
3. 养成独立思考问题的好习惯。

 建议完成本学习任务的时间为4课时。

 学习任务描述

节气门位置传感器(TPS)实质上就是一个可变电阻器,其阻值随节气门开度的变化而变化。一辆别克凯越轿车出现怠速不稳,要求你检测节气门位置传感器。

 学习内容

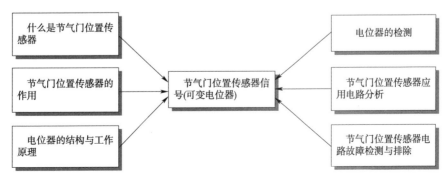

一、资料收集

引导问题 1 什么是节气门位置传感器？有何作用？

节气门位置传感器(TPS)又称节气门开度传感器或节气门开关。其主要功用是检测发动机是处于怠速工况还是负荷工况,是加速工况还是减速工况。它实质上是一只可变电阻器和几个开关,安装于节气门体上。

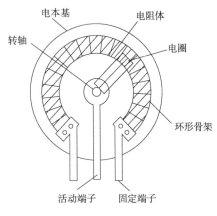

图6-14 炭膜电位器的内部结构

引导问题 2 什么是电位器？

电位器是可变电阻器的一种。通常是由电阻体与转动或滑动系统组成,即靠一个动触点在电阻体上移动,获得与位移量成一定关系的电阻值或电压。电位器可分为线性和非线性两种。图6-14所示为炭膜电位器的内部结构。

引导问题 3 线性输出型节气门位置传感器的结构如何？

线性输出型节气门位置传感器的结构和电压输出特性如图6-15所示。

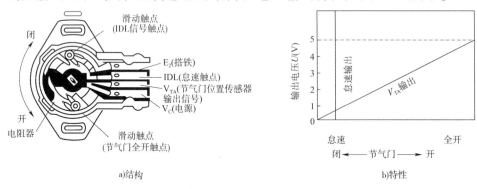

图6-15 线性输出型节气门位置传感器的结构与特性

它的两个触点(或称触头)与节气门轴联动,一个触点可在电阻上滑动,利用电阻的变化将节气门位置信号转换成 V_{TA} 信号。这个电压值呈线性变化,所以传感器称为线性输出型节气门位置传感器。根据这个线性电压值,ECU 可感知节气门的开度,使 ECU 进行喷油量修正,而另一个触点在节气门全关闭时与怠速触点 IDL 接触,IDL 信号用来断油和点火提前角的控制。线性输出型节气门位置传感器又称可变电阻式或滑动电阻式传感器,它与 ECU 的连接电路如图 6-16 所示。

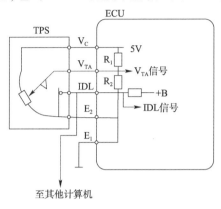

图 6-16 线性输出型 TPS 与 ECU 的连接电路

二 实施作业

1 任务布置

(1)电位器的检测。
(2)节气门位置传感器特性实训。

2 任务准备

需要准备以下器材。

积木连线实训板	万用表	可调锂电池模块	电位器积木板
节气门位置传感器实训板	连接导线		

3 任务步骤

（1）电位器的检测。

步骤	图 示	工 作 页
1		用连接导线按照积木连接示意图连接成完整电路
2		用万用表电阻挡测量电位器，先测量1、3引脚之间的阻值，为_____，这个阻值为电位器的总阻值
3		再测量1、2引脚之间的阻值，从左至右旋转电位器，阻值变化范围为_____，再次测量2、3引脚之间的阻值，从左至右旋转电位器，阻值变化范围为_____。从检测中我们可以发现电位器的特点是中间滑动触点的阻值随_____变化

（2）节气门位置传感器特性实训。

图 示
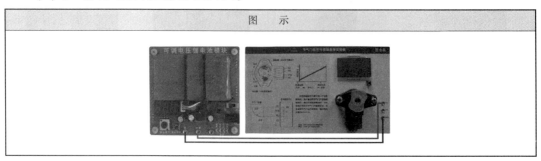

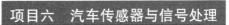

续上表

工 作 页
完成节气门位置传感器特性检测积木板的连接,填写工作页。 外观认识:节气门位置传感器一般有三个接线端口,分别是_____,连接的是_____;_____,连接的是_____;_____,连接的是_____。其中_____是可变电位信号。 特性观察:先断开电源,用万用表电阻挡测量 GND 和 V_{TA} 之间的阻值,旋转滑动片,阻值的变化情况_____。 接通电源,从左至右旋转滑动触点,输出电压的变化范围_____,说明 V_{TA} 输出电压随节气门开度_____,呈线性变化

三 检查控制

检查项目	结果或数据	检查项目	结果或数据	检查项目	结果或数据
连线是否规范		是否认真观察实训现象		是否单独完成工作页	
是否出现异常现象		测量数据是否准确		是否严格执行6S管理	

四 评价与反馈

1 自我评价

在知识与技能方面的收获	掌握的程度		
	牢固掌握	基本掌握	模糊不清
能够说明电位器的结构及工作原理			
能够使用万用表检测电位器的性能			
能够分析典型节气门位置传感器的电路结构及测量原理			
希望自我改进的地方	希望教师改进的地方		

实训小组学生: 　　　　　　　　　　　　　　　　完成时间:　　年　　月　　日

2 小组和教师对本学习任务进行评价

考核项目	评分标准	分数	学生自评 （权重20%）	小组互评 （权重60%）	教师评价 （权重20%）	小计
团队合作	是否协调信任	5				
活动参与	是否积极主动	5				
安全实训	有无安全隐患	10				
现场6S	是否做到	10				
任务方案	是否正确、合理	5				
实训过程	是否独立完成实训；工作页完成情况	40				
任务完成情况	是否圆满完成	5				
工具和设备使用	是否规范、标准	10				
问答	是否能够正确回答	5				
实训设备	是否完好	5				
总 分		100				
教师签名：			年　月　日		得分	

项目七 汽车执行器与控制

 项目描述

在汽车电控系统中,通过各个功能传感器采集的信号送入电控单元进行处理,然后输出相应的控制信号至大功率晶体管驱动执行器,如电磁阀、喷油嘴、点火线圈等。本项目我们重点学习执行器控制的原理和常用控制元件,包括晶体三极管、场效应管等。

学习任务一　晶体三极管控制电磁阀

学习目标

◎ 知识目标
1. 掌握晶体三极管的结构原理图、外部端子接线图。
2. 理解晶体三极管电流放大特性、开关特性。
3. 掌握晶体三极管在汽车中的应用和基本测量。

◎ 技能目标
1. 掌握使用万用表检测晶体三极管。
2. 理解用仪表分析晶体三极管工作特性参数。
3. 掌握晶体三极管开关应用接线、故障排除。

> ◎ 素质目标
> 1. 规范实训6S管理。
> 2. 养成团队协作的好习惯。
> 3. 养成独立思考问题的好习惯。

 建议完成本学习任务的时间为 **8 课时**。

 学习任务描述

晶体三极管是最常用的半导体元件之一,其发挥的作用非常大。在汽车电气系统及电控系统中几乎都离不开它,掌握晶体三极管原理与检测是现代修车技术员必备的素质。大功率三极管电路常常表现的故障是执行元件不工作。请你检修由晶体三极管控制的电磁阀电路。

 学习内容

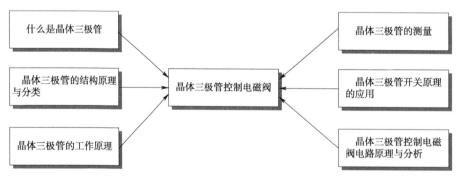

一 资料收集

引导问题1 什么是晶体三极管?

晶体三极管是一种利用输入电流控制输出电流的电流控制型器件,它由两个PN结构成,在电路中主要作为放大和开关元件使用。是内部含有两个 PN 结、外部具有三个电极的半导体器件。

引导问题2　晶体三极管内部结构是怎样的？

晶体三极管,简称三极管,结构如图7-1所示。

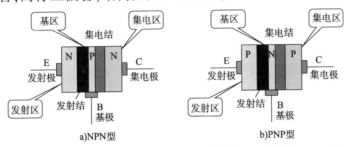

图7-1　三极管结构示意图

(1)从图7-1中我们可以知道:三极管内部有发射区、基区和集电区;引出电极分别为发射极E、基极B、集电极C。发射区与基区之间的PN结称为发射结,集电区与基区之间的PN结称为集电结。

(2)三个电区的特点。

①使发射区的掺杂浓度最高,以有效地发射载流子。

②使基区掺杂浓度最小,且最薄,以有效地传输载流子。

③使集电区面积最大,且掺杂浓度小于发射区,以有效地收集载流子。

(3)电路符号。三极管的电路图形符号如图7-2所示。

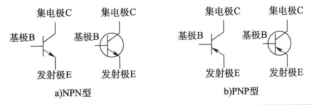

图7-2　三极管的电路图形符号

引导问题3　三极管是如何分类的？

三极管的种类很多,通常按以下方法进行分类:

(1)按半体制造材料可分为:硅管和锗管。硅管受温度影响较小、工作稳定,因此在自动控制设备中常用硅管。

(2)按三极管内部基本结构可分为:NPN型和PNP型。目前我国制造的硅管多为NPN型(也有少量PNP型),锗管多为PNP型。

(3)按工作频率可分为:高频管和低频管。工作频率高于3MHz为高频管,工作频率在3MHz以下为低频管。

(4)按功率可分为:小功率管和大功率管。耗散功率小于1W为小功率管,耗散功率大于1W为大功率管。

(5)按用途可分为:普通放大三极管和开关三极管。

引导问题4 三极管的放大原理是怎样的?

三极管具有电流放大作用,其实质是三极管能以基极电流微小的变化量来控制集电极电流较大的变化量。这是三极管最基本的和最重要的特性。我们将 $\Delta I_\text{c}/\Delta I_\text{b}$ 的比值称为三极管的电流放大倍数,用符号"β"表示。电流放大倍数对于某一只三极管来说是一个定值,但随着三极管工作时基极电流的变化也会有一定的改变。三极管还可以作电子开关,在数字电路和汽车电路中常用。

要使三极管能够正常放大信号,发射结应加正向电压,集电结应加反向电压,如图7-3所示。

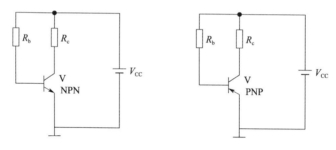

图7-3 三极管电路偏置电路

电源 V_CC 通过偏置电阻 R_b 为发射结提供正向偏置,R_c 阻值小于 R_b 阻值,所以集电结处于反向偏置,如图7-4所示。

从实验中我们可以得出三极管电路有由下关系:

三极管电流分配关系:

$$I_\text{E} = I_\text{C} + I_\text{B}$$

三极管电流放大倍数:

$$\beta = \frac{\Delta I_\text{C}}{\Delta I_\text{B}}$$

当 ΔI_B 有一微小变化,就能引起 ΔI_C 较大的变化,这种现象称为三极管的电流放大作用。

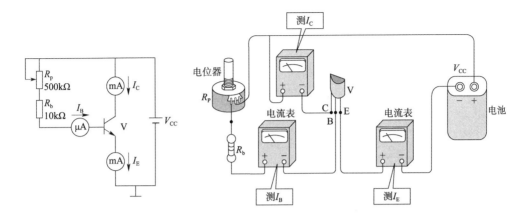

图 7-4　三极管各电极电流关系的测量电路

引导问题 5 　三极管的特性曲线是怎样的？

1 输入特性曲线

输入特性曲线是反映三极管输入回路电压和电流关系的曲线，如图 7-5 所示。它是在输出电压 V_{CE} 为定值时，i_B 与 V_{BE} 对应关系的曲线。当输入电压 V_{BE} 较小时，基极电流 i_B 很小，通常近似为零。当 V_{BE} 大于三极管的死区电压 V_{th} 后，i_C 开始上升。三极管正常导通时，硅管 V_{BE} 约为 0.7V，锗管约为 0.3V，此时的 V_{BE} 值称为三极管工作时的发射结正向压降。输入特性实质上就是三极管特性曲线。

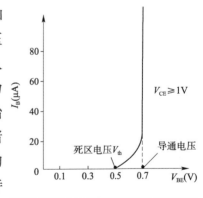

图 7-5　三极管输入特性曲线

2 输出特性曲线

输出特性曲线是反映三极管输出回路电压与电流关系的曲线，如图 7-6 所示。它是指基极电流 I_B 为某一定值时，集电极电流 I_C 与集电极电压 V_{CE} 对应关系的曲线。

(1) 截止区：习惯把 $I_B=0$ 曲线以下的区域称为截止区，三极管处于截止状态，相当于三极管内部各极开路。在截止区，三极管发射结反偏或零偏，集电结反偏。此时 C、E 相当于开关断开。

（2）放大区：它是三极管发射结正偏、集电结反偏时的工作区域。最主要特点是 I_C 受 I_B 控制，具有电流放大作用。

（3）饱和区：当 V_{CE} 小于 V_{BE} 时，三极管的发射结和集电结都处于正偏，此时 I_C 已不再受 I_B 控制。此时三极管的集电极—发射极间呈现低电阻，相当于开关闭合。

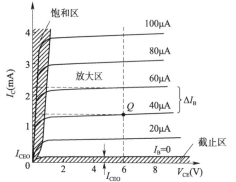

图 7-6　三极管输出特性曲线

引导问题 6　三极管有哪些主要技术参数？

（1）集电极最大直流耗散功率（P_{cm}）。一般要求用 P_{cm} 与原三极管相等或较大的三极管进行置换。但经过计算或测试，如果原三极管在整机电路中实际直流耗散功率远小于其 P_{cm}，则可以用 P_{cm} 较小的三极管置换。

（2）击穿电压。用于置换的三极管，必须能够在整机中安全地承受最高工作电压。

（3）集电极最大允许直流电流（I_{cm}）。一般要求用 I_{cm} 与原三极管相等或较大的三极管进行置换。

（4）频率特性。三极管频率特性参数，常用的有以下两个：

①特征频率 F_t：它是指在测试频率足够高时，使三极管共发射极电流放大系数时的频率。

②截止频率 f_b：在置换三极管时，主要考虑 F_t 与 f_b。通常要求用于置换的三极管，其 F_t 与 f_b，应不小于原三极管所对应的 F_t 与 F_b。

引导问题 7　三极管开关电路是怎样的？

在汽车电路中，三极管通常用做开关。图 7-7 所示为三极管电子开关的基本电路图。由图 7-7 可知，负载电阻接在三极管的集电极与电源之间，位于三极管 I_C 电流回路上。

输入电压 V_B 则控制三极管开关的断开与闭合动作，当三极管在截止状态时，C、E 极间呈断开状态时，负载电流便被阻断，反之，当三极管在饱和状态时，C、E 极间呈闭合状态时，电流便可以流通。

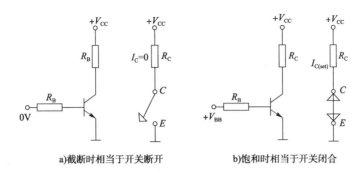

图7-7 三极管开关原理

引导问题8 三极管开关和传统的机械式开关相比有何优点？

（1）三极管开关不具有活动接点部分，因此不会有机械磨损，可以使用无限次；一般的机械式开关，由于接点磨损，最多只能使用数百万次，而且其接点易受污损而影响工作，因此无法在脏乱的环境下长期运作，三极管开关既无接点又是密封的，无此顾虑。

（2）三极管开关的动作速度比一般的开关快，一般开关的启闭时间是以毫秒（ms）来计算的，三极管开关则以微秒（μs）计算的。

（3）三极管开关没有跃动现象，一般的机械式开关在导通的瞬间会有快速的连续启闭动作，然后才能逐渐达到稳定状态。

（4）利用三极管开关来驱动电感性负载时，在开关开启的瞬间，不产生火花；机械式开关开启时，由于瞬间切断了电感性负载上的电流，因此电感产生的瞬间感应电压，将在接点上引起弧光，这种电弧不但会侵蚀接点的表面，而且可能会造成干扰或危害。

二 实施作业

1 任务布置

（1）三极管元件的认知和测量。
（2）三极管电流放大特性实训。
（3）三极管控制电磁阀开关电路。
（4）达林顿管驱动电路实训。

汽车电工电子基础(第二版)

2 任务准备

需要准备以下器材。

积木连线实训板	万用表	可调锂电池模块	三极管元件板
开关熔断丝板	三极管驱动板	三极管特性实训板	电流电压表积木板
负载积木板	电磁阀特性实训板	连接导线	

3 任务步骤

（1）三极管元件的认知与测量。

步 骤	图 示	工 作 页
1		识读电路板上的原理图，三极管型号分别为＿＿＿＿、＿＿＿＿、＿＿＿＿；其中＿＿＿＿是 NPN 型管；＿＿＿＿是 PNP 型管。三极管的三个电极分别是＿＿＿＿＿＿＿＿＿＿、＿＿＿＿、＿＿＿＿
2		三极管引脚判别与性能测试，用万用表二极管挡分别测量三极管三个电极的导通情况，填写下表：

续上表

步骤	图　示	工　作　页

<table>
<tr><td rowspan="7">3</td><td colspan="6">

测量次数	连接特点		数字表显示		
			8050	8550	TIP41
第一次	红表笔固定 B 极	C			
		E			
第二次	红表笔固定 C 极	B			
		E			
第三次	红表笔固定 E 极	B			
		C			

从上表中我们可以得出什么结论？

给你一个陌生的三极管你能用数字表测量出三个电极吗？
</td></tr>
</table>

（2）三极管电流放大特性实训。

步骤	图　示	工　作　页
1		识读电路原理图，三极管电流放大特性实训电路是以三极管为核心，调节 I_B 电流控制 I_C 电流的变化，通过负载灯泡亮度和测量电表的变化得出实训数据，进而分析三极管的电流放大特性原理
2		用连接导线按照积木连接示意图连接成完整电路，连接电路比较复杂，请同学们细心连接，注意连接前先关闭电源开关

续上表

步骤	图示	工作页
3		检查无误后接通电源,调节电源电压为10V。 各测量电表的认识:I_B 测量的是_____; V_{BE} 测量的是_____;I_C 测量的是_____; I_E 测量的是_____;V_{CE} 测量的是_____
4	从左至右调节电位器,观察灯泡亮暗变化和各电表的读数的变化,填入表中: | 电位器位置	I_B	I_C	I_E	V_{BE}	V_{CE}
---	---	---	---	---	---
最左端					
向右旋转1					
向右旋转2					
向右旋转3					
最右端					| 从上表测量结果我们可以得出结论: (1)_____ (2)_____ (3)_____	

(3)三极管控制电磁阀开关电路。

步骤	图示	工作页
1	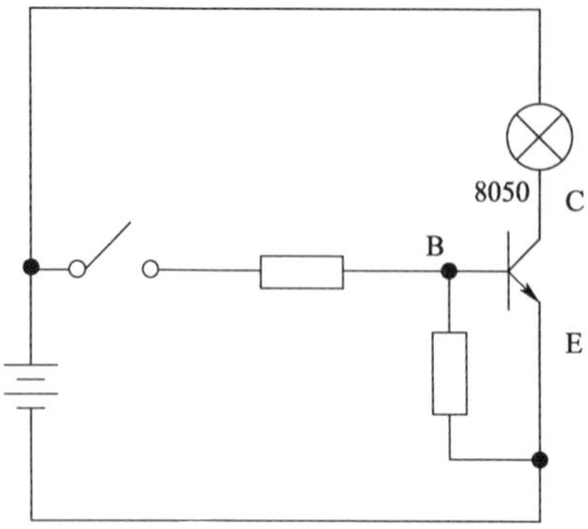	读识电路原理图,理解各个元件的作用。 电源:_____ 三极管:_____ 开关:_____ 基极电阻:_____ 灯泡:_____

续上表

步骤	图 示	工 作 页
2		用连接导线按照积木连接示意图连接成完整电路,注意连接前先关闭电源开关
3		检查无误后接通电源,当开关断开时,三极管处于_____状态,用万用表测量 V_{CE} = _____,C、E 相当于开关_____,灯泡_____(填"亮"或"不亮")。
4		当开关闭合时,三极管处于_____状态,用万用表测量 V_{CE} = _____,C、E 相当于开关_____,灯泡_____,此时对 R_B 有何要求?_____。从实训中我们可以得出结论,三极管作为功率控制元件是以 I_B 信号小电流控制 I_C 负载大电流。负载可以是多种多样的
5		依照三极管控制灯泡电路完成三极管控制模拟电磁阀电路,记录实验数据

(4)达林顿管驱动电路实训。

步骤	图 示	工 作 页
1		识读达林顿管内部结构图

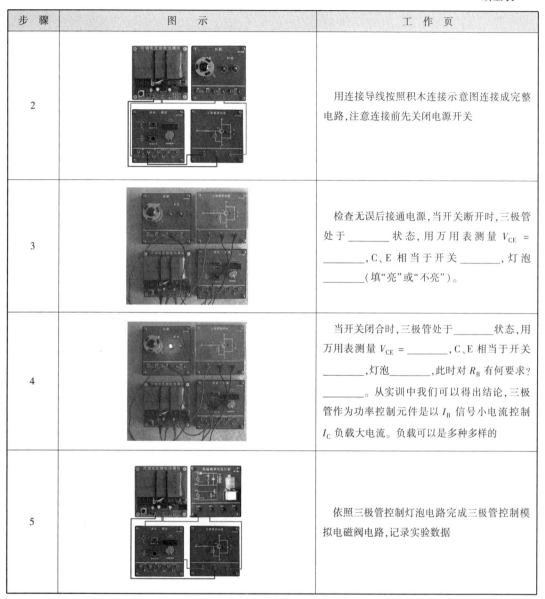

续上表

步骤	图 示	工 作 页
	知识链接:什么是达林顿管? 达林顿管就是两个三极管接在一起,极性只认前面的三极管。具体接法如下,以两个相同极性的三极管为例,前面三极管集电极跟后面三极管集电极相接,前面三极管发射极跟后面三极管基极相接,前面三极管功率一般比后面三极管小,前面三极管基极为达林顿管基极,后面三极管射极为达林顿管发射极,用法跟三极管一样,放大倍数是两个三极管放大倍数的乘积	
2		用连接导线按照积木连接示意图连接成完整电路,注意连接前先关闭电源开关
3		检查无误后接通电源,当开关断开时,达林顿管处于_____状态,灯泡_____(填"亮"或"不亮")
4		当开关闭合时,达林顿管处于_____状态,灯泡_____

三 检查控制

检查项目	结果或数据	检查项目	结果或数据	检查项目	结果或数据
连线是否规范		是否认真观察实训现象		是否单独完成工作页	
是否出现异常现象		测量数据是否准确		是否严格执行6S管理	

项目七　汽车执行器与控制

四 评价与反馈

1 自我评价

在知识与技能方面的收获	掌握的程度		
	牢固掌握	基本掌握	模糊不清
能够说明三极管内部结构特点			
能够使用万用表检测辨别三极管引脚			
能够连接并分析三极管电流放大特性积木电路			
能够连接三极管开关电路			
能够分析三极管开关电路原理并能排除电路故障			
能够说明达林顿管的特点并能连接达林顿管开关电路			
希望自我改进的地方		希望教师改进的地方	
实训小组学生：		完成时间： 年 月 日	

2 小组和教师对本学习任务进行评价

考核项目	评分标准	分数	学生自评（权重20%）	小组互评（权重60%）	教师评价（权重20%）	小计
团队合作	是否协调信任	5				
活动参与	是否积极主动	5				
安全实训	有无安全隐患	10				
现场6S	是否做到	10				
任务方案	是否正确、合理	5				
实训过程	是否独立完成实训；工作页完成情况	40				
任务完成情况	是否圆满完成	5				
工具和设备使用	是否规范、标准	10				
问答	是否能够正确回答	5				
实训设备	是否完好	5				
总　分		100				
教师签名：			年 月 日		得分	

学习任务二 场效应管控制电磁阀

◎ **知识目标**
1. 掌握场效应管的结构原理图、外部端子接线图。
2. 理解场效应管的工作特性原理。
3. 掌握场效应管开关控制原理。

◎ **技能目标**
1. 掌握使用万用表检测场效应管。
2. 掌握场效应管开关电路的连接。
3. 掌握场效应管驱动负载电路的电路分析和故障排除。

◎ **素质目标**
1. 规范实训6S管理。
2. 养成团队协作的好习惯。
3. 养成独立思考问题的好习惯。

 建议完成本学习任务的时间为**4课时**。

 学习任务描述

除了三极管外,场效应管也是一电子控制元件,起放大和开关作用。与三极管相比,有它的优越性。大功率场效应管电路故障常常表现的是执行元件不工作。请你检修由场效应管控制的电磁阀电路。

 学习内容

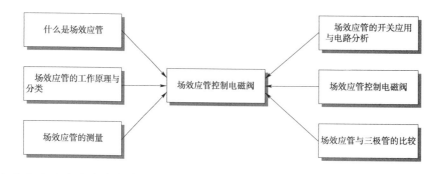

项目七 汽车执行器与控制

一、资料收集

引导问题1 什么是场效应管?

场效应晶体管,简称场效应管如图7-8,由多数载流子参与导电,也称为单极型晶体管。它属于电压控制型半导体器件。具有输入电阻高、噪声小、功耗低、动态范围大、易于集成、没有二次击穿现象、安全工作区域宽等优点。

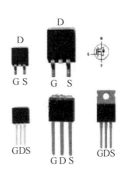

图7-8 场效应管

引导问题2 场效应管是怎样分类的?

场效应管分为结型场效应管(JFET)和绝缘栅场效应管(MOS)两大类,如图7-9所示。

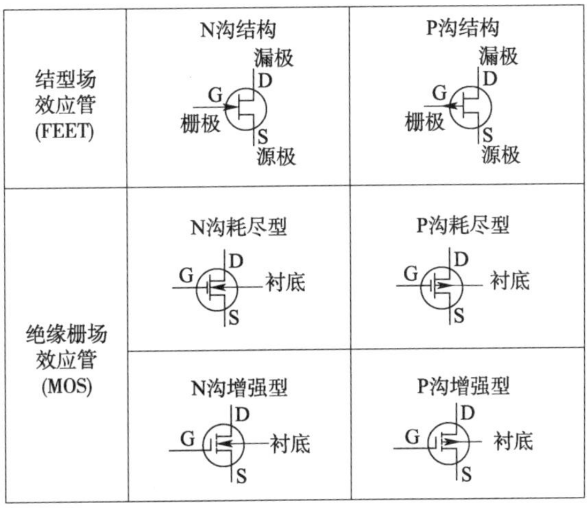

图7-9 场效应管分类

引导问题3 场效应管的工作原理是怎样的?

我们以增强型MOS场效应管为例,它可分为NPN型和PNP型。NPN型通常称为N沟道型,PNP型又称P沟道型。由图7-10可看出,对于N沟道的场效应管其源极和漏极接在N型半导体上,同样对于P沟道的场效应管其源极和漏极则接在P型半导体上。我们知道三极管是由输入的基极小电流控制输出的集电极大电流,但对于场效应管,其输出电流是由输入的电压(或称电场)控制,可以认为输入电流极小或没有输入电流,这使得该器件有很高的输入阻抗,同时这也是我们称之为场效应管的原因。

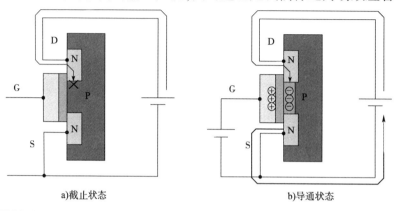

图 7-10　N 沟道的 MOS 场效应管的工作原理

要解释 MOS 场效应管的工作原理,我们先复习一下仅含有一个 PN 结的二极管的工作过程。如图 7-11 所示,我们知道在二极管加上正向电压(P 端接正极,N 端接负极)时,二极管导通,其 PN 结有电流通过。这是因为在 P 型半导体端为正电压时,N 型半导体内的负电子被吸引而涌向加有正电压的 P 型半导体端,而 P 型半导体端内的正电子则朝 N 型半导体端运动,从而形成导通电流。同理,当二极管加上反向电压(P 端接负极,N 端接正极)时,这时在 P 型半导体端为负电压,正电子被聚集在 P 型半导体端,负电子则聚集在 N 型半导体端,电子不移动,其 PN 结没有电流通过,二极管截止。

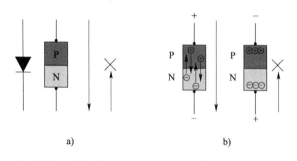

图 7-11　单 PN 结二极管工作原理

由前面分析可知,对于场效应管,在栅极没有电压时,在源极与漏极之间不会有电流流过,此时场效应管处与截止状态,如图 7-10a)所示。当有一个正电压加在 N 沟道的 MOS 场效应管栅极上时,由于电场的作用,此时 N 型半导体的源极和漏极的负电子被吸引出来而涌向栅极,但由于氧化膜的阻挡,使得电子聚集在两个 N 沟道之间的 P 型半导体中,如图 7-10b)所示,从而形成电流,使源极和漏极之间导通。我们也可以想象为两个 N 型半导体之间为一条沟,栅极电压的建立相当于为它们之间搭了一座桥梁,该桥的大小由栅压的大小决定。图 7-12 给出了 P 沟道的 MOS 场效应管的工作过程,其工作原理类似 N 沟道 MOS 管。

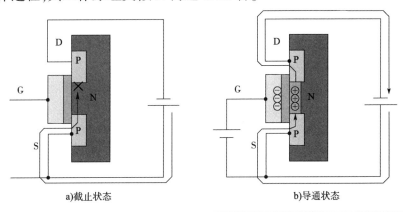

图 7-12 P 沟道的 MOS 场效应管的工作原理

引导问题 4 场效应管的使用优势有哪些?

场效应管是电压控制元件,而三极管是电流控制元件。在只允许从信号源取较少电流的情况下,应选用场效应管;而在信号电压较低,又允许从信号源取较多电流的条件下,应选用三极管。

场效应管是利用多数载流子导电,所以称之为单极型器件,而三极管是即有多数载流子,也利用少数载流子导电,被称之为双极型器件。

有些场效应管的源极和漏极可以互换使用,栅压也可正可负,灵活性比三极管好。

场效应管能在很小电流和很低电压的条件下工作,而且它的制造工艺可以很方便地把很多场效应管集成在一块硅片上,因此场效应管在大规模集成电路中得到了广泛的应用。

引导问题 5 场效应管与三极管各自的应用特点是什么?

(1)场效应管的源极 S、栅极 G、漏极 D 分别对应于三极管的发射极 E、基极 B、集电极 C,它们的作用相似。

(2)场效应管是电压控制电流器件,由 V_{GS} 控制 i_D,其放大系数 gm 一般较小,因此场效应管的放大能力较差;三极管是电流控制电流器件,由 i_B(或 i_E)控制 i_C。

(3)场效应管栅极几乎不取电流;而三极管工作时基极总要吸取一定的电流。

因此，场效应管的输入电阻比三极管的输入电阻高。

（4）场效应管只有多子参与导电；三极管有多子和少子两种载流子参与导电，而少子浓度受温度、辐射等因素影响较大，因而场效应管比三极管的温度稳定性好、抗辐射能力强。在环境条件（温度等）变化很大的情况下应选用场效应管。

（5）场效应管在源极与衬底连在一起时，源极和漏极可以互换使用，且特性变化不大；而三极管的集电极与发射极互换使用时，其特性差异很大，b 值将减小很多。

（6）场效应管和三极管均可组成各种放大电路和开路电路，但由于前者制造工艺简单，且具有耗电少、热稳定性好、工作电源电压范围宽等优点，因而被广泛用于大规模和超大规模集成电路中。

（7）三极管导通电阻大，场效应管导通电阻小，只有几百毫欧姆，在现在的用电器件上，一般都用场效应管做开关，它的效率是比较高的。

实施作业

1 任务布置

（1）场效应管的认知与测量。
（2）场效应管特性实训。
（3）场效应管开关控制电磁阀、灯泡。

2 任务准备

需要准备以下器材。

积木连线实训板	万用表	可调锂电池模块	开关熔断丝板
场效应管元件板	场效应管驱动板	场效应管特性板	负载积木板

续上表

电流表、电压表积木板	电磁阀特性实训板	连接导线	

3 任务步骤

(1) 场效应管的认知与测量。

步 骤	图 示	工 作 页
1		识读积木板上的场效应管图,场效应管型号分别为_____、_____;其中_____是N沟道管;_____是P沟道管。场效应管的三个电极分别是_____、_____、_____
2		用万用表二极管挡测场效应管各个电极导通情况,填写下表

	测量数据			
			数字表显示	
测量次数	连接特点		IRF640	IRF9640
第一次	红表笔固定 G 极	D		
		S		
第二次	红表笔固定 D 极	G		
		S		
第三次	红表笔固定 S 极	G		
		D		

3

从上表测量数据我们可以判断场效应管的三个电极吗?

(2)场效应管特性实训。

步 骤	图 示	工 作 页
1		识读电路原理图,场效应管特性实训电路是以场效应管为核心,调节栅极电压控制漏源极电流的变化,通过负载灯泡亮度和测量仪表的变化得出实训数据,进而分析场效应管特性原理
2		用连接导线按照积木连接示意图连接成完整电路,连接电路比较复杂,请同学们细心连接,注意连接前先关闭电源开关
3		检查无误后接通电源,其中 I_G 测量的是_____,V_{GS} 测量的是_____,I_D 测量的是_____,V_{DS} 测量的是_____;从左至右旋转电压调节电位器,我们可以看到灯泡亮度的变化情况是_____,观察各测量仪表的变化,均匀取 5 个 V_G 电压,填写下表中

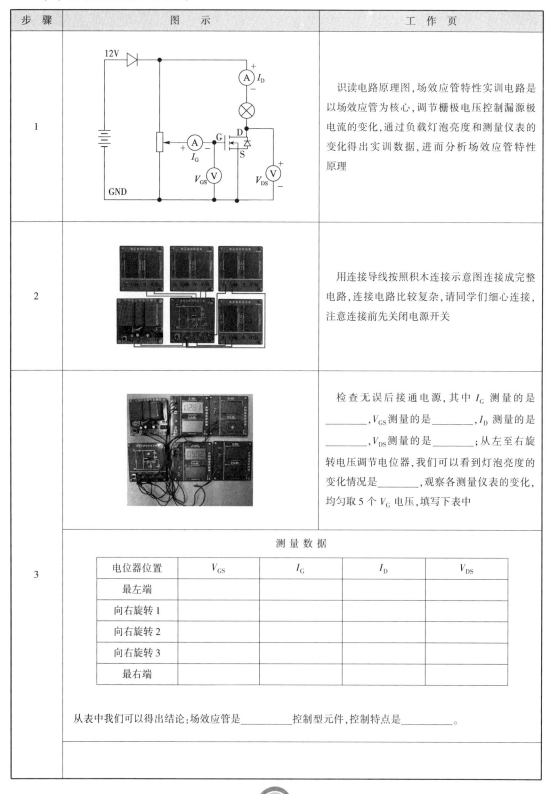

测 量 数 据

电位器位置	V_{GS}	I_G	I_D	V_{DS}
最左端				
向右旋转 1				
向右旋转 2				
向右旋转 3				
最右端				

从表中我们可以得出结论:场效应管是_____控制型元件,控制特点是_____。

（3）场效应管开关控制电磁阀、灯泡。

步骤	图示	工作页
1	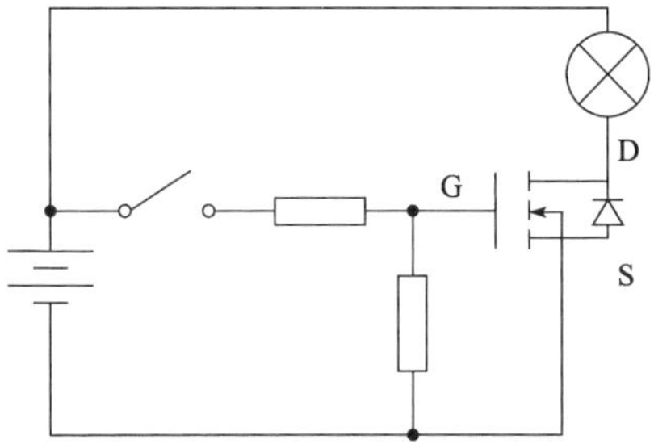	识读电路原理图,理解各个元器件的作用。 电源:_____ 场效应管:_____ 栅极电阻:_____ 灯泡:_____
2		用连接导线按照积木连接示意图连接成完整电路,注意连接前先关闭电源开关
3		检查无误后接通电源,当开关断开时,V_{GS}_____,I_D_____,D、S 相当于开关_____,灯泡_____
4		当开关闭合时,V_{GS}_____,I_D_____,相当于开关_____,灯泡_____。其中下拉电阻的作用是_____。从实训中我们可以得出结论:场效应管开关控制原理是小信号栅极电压控制漏极负载大电流,负载方式可以是多种多样的
5		依照场效应管控制灯泡电路完成场效应管控制模拟电磁阀电路,记录试验数据

三、检查控制

检查项目	结果或数据	检查项目	结果或数据	检查项目	结果或数据
连线是否规范		是否认真观察实训现象		是否单独完成工作页	
是否出现异常现象		测量数据是否准确		是否严格执行6S管理	

四、评价与反馈

1 自我评价

在知识与技能方面的收获	掌握的程度		
	牢固掌握	基本掌握	模糊不清
能够说明场效应管的内部结构特点			
能够使用万用表测量辨别场效应管的引脚功能			
能够连接并分析场效应管工作特性积木电路			
能够连接场效应管开关电路			
能够分析场效应管开关电路参数并能排除电路故障			
希望自我改进的地方		希望教师改进的地方	
实训小组学生：		完成时间：　　年　　月　　日	

2 小组和教师对本学习任务进行评价

考核项目	评分标准	分数	学生自评（权重20%）	小组互评（权重60%）	教师评价（权重20%）	小计
团队合作	是否协调信任	5				
活动参与	是否积极主动	5				
安全实训	有无安全隐患	10				
现场6S	是否做到	10				
任务方案	是否正确、合理	5				

续上表

考核项目	评分标准	分数	学生自评（权重20%）	小组互评（权重60%）	教师评价（权重20%）	小计
实训过程	是否独立完成实训；工作页完成情况	40				
任务完成情况	是否圆满完成	5				
工具和设备使用	是否规范、标准	10				
问答	是否能够正确回答	5				
实训设备	是否完好	5				
总分		100				
教师签名：			年　月　日		得分	

参 考 文 献

[1] 丰田汽车公司.TEAM21 技术培训.
[2] 王健.汽车电工电子基础[M].北京:人民交通出版社,2010.
[3] 周建平.汽车电气设备构造与维修(新编版)[M].北京:人民交通出版社,2012.
[4] 陈凡主.汽车电子与电气系统诊断与维修[M].2 版.北京:人民交通出版社股份有限公司,2016.